新　潮　文　庫

お江戸でござる

杉浦日向子監修

新　潮　社　版

7981

はじめに

「宵越《よいご》しの金は持たねえ！」

当時多くの江戸庶民は、その日暮らしの生活をしていました。「宵越しの金を持たない」のではなく、実際は「持てなかった」のです。

「モノ」「カネ」そして「情報」が溢《あふ》れる私たちの生活と比較すれば、江戸庶民の暮らしぶりは「豊か」なものとはいえないでしょう。しかし江戸庶民は、今私たちが失いかけているもうひとつの「豊かさ」を持っていたのかもしれません。その「豊かさ」とはどんなものだったのでしょう。

＊

江戸庶民の標準的な住まい、いわゆる「九尺《しゃく》二間《けん》の裏長屋《うらながや》」——広いとはいえない部屋は薄い壁一枚で隣と仕切られ、井戸やトイレは共同使用でした。しかし、こうした長屋暮らしの生活の中から、互いに迷惑をかけない気配りと、互いに助け合って生活をしていく、暮らしの共同意識が生まれたのです。

江戸は現代とは比較にならないほどモノを大切にした、究極のリサイクル社会でした。町には様々なリサイクル業者や回収業者がいて、壊れたものを修理し、いらなくなったものを買い、再生してくれました。再生できるものはとことん再生する、こうしたゴミを出さないリサイクル都市「江戸」だからこそ、自然との共生の産物として「江戸前」と呼ばれる独自の食文化も生まれたのです。

「宵越しの金は持たねえ！」という言葉は現代の私たちに「心の豊かさ」の大切さを伝える、江戸庶民からのメッセージなのかもしれません。

今あらためて江戸庶民の暮らしに目を向けることは、私たちが抱える様々な問題を解決する「知恵の鍵《かぎ》」を見つけることにつながるでしょう。

*

NHK「コメディーお江戸でござる」は、〝緻密《ちみつ》に作りこむNHKならではのバラエティ番組〟として視聴者の皆様からご好評をいただき、おかげで放送が始まって今年（二〇〇三年）で九年目を迎える息の長い番組となりました。（編集部注　二〇〇四年に番組は終了しました。）

この番組は、毎回読みきりの「コメディー」、出演歌手が歌う「オリジナルソング」、文筆家・杉浦日向子《ひなこ》さんが解説する「おもしろ江戸ばなし」の三部構成。一流の役者さんを迎え、練習に多くの時間をさけないにもかかわらず、アドリブに頼らないきっちりとした芝居をつくるよう努めています。コメディー部分はＶＴＲの編集をせず、収録した通りに放送するため、「この番組は毎回ものすごく緊張する」とおっしゃる出演者も少なくありません。

杉浦日向子さんには、「江戸の意外性と現代との共通性」をテーマに、いわば江戸世界へのいざない役として、庶民の暮らしぶりを中心に楽しい解説をしていただいています。

この本は、過去九年間に「おもしろ江戸ばなし」で取り上げた、江戸庶民の生活や風俗のお話を、テーマ別にわかり易《やす》くまとめたものです。

「江戸」は遠い昔の町ではありません、「江戸は現代の隣町」なのです。

さあ、ちょいと隣町まで足をのばして、豊かな江戸の世界に分け入ってみようではありませんか。

ＮＨＫ「コメディーお江戸でござる」　スタッフ一同

お江戸でござる*目次

本文イラスト　杉浦日向子
構成　深笛義也
協力　ＮＨＫ「コメディーお江戸でござる」制作班

お江戸でござる

第壱章　私たちの文化と江戸の文化

瓦版

現代の【大衆雑誌】

江戸で大流行の瓦版《かわらばん》。瓦版というと、今の新聞のルーツだという印象が強いでしょう。確かに、火事や地震の情報をそこから得るということもあります。でも、江戸市内に無数に登場した瓦版のほとんどは、どちらかといえば、今の大衆雑誌のような性格です。「瓦版」という呼び方は一般的でなく、「読売り《よみう》」「辻売り《つじう》」「一枚刷り《いちまいず》」などといいます。

瓦版は、大きく分けると二種類あります。

ひとつは、夕方頃から街に出て、頭に手ぬぐいを載せて、竹の棒で軽快に叩《たた》きながら歩く瓦版売り。三、四人囃《はや》し方《かた》を連れ、三味線で囃しながら、歌うようにゴシップネタを売り歩きます。ネタを仕入れて飲み屋で盛り上がろうなどという時に、皆がこれを買っていきます。

「三つ目の人魚が越中湾に出た」など、耳目を引く大ボラが載っています。脇《わき》のところに目が三つあり、顔にも目があるから全部で五つ目。頭三尺《しゃく》五寸《すん》（約一メートル）、身の丈三丈《じょう》五尺（約十メートル）もある、鯨のような大人魚です。
これは、二色刷りでけっこう売れた評判の瓦版で、人々は、みんなインチキだとわかっていて買っていきます。「アハハですめばいいじゃないか」と、だまされることさえ楽しむ気風が江戸にはあるのです。「瓦版は話三分《はなしさんぶ》」という言葉があって、「七分はだまされようじゃないか」と皆思っています。瓦版売りは、名調子で皆を寄せつけますが、その名調子で喋《しゃべ》っていることと、瓦版の内容が食い違っていることもあります。

作っていたのは、定職に就きたくない人たちです。筆の立つ人とお話が得意な人が集まって、パッと作ってしまいます。

お店が頼んで、ライバル店の悪口を書くこともあり、「色が白くなるという化粧水をつけたら、逆に色が黒くなってしまった」などという記事が載ったりします。縁談を破談にするために、あらぬスキャンダルをばらまくこともあるのです。そのような、ちょっと危ない瓦版売りは、売り切ったらサッと引っ越してしまいます。

もうひとつは、編み笠《がさ》を被《かぶ》って二人ひと組で、お昼頃に地味に売り歩く瓦版売り。内容は時事ネタが多く、売り声はありませんが、信憑性《しんぴょうせい》があるので、こちらのほうが売れます。耳打ちするように「何売っているんだい？」と聞くと「こういうネタが入っているんだよ」と教えてくれるのです。

正規の出版物でない瓦版は、お上《かみ》の取り締まりが厳しいので、「地味に売り歩くほど、おもしろいネタが載っているのでは？」と思ってしまいます。御政道《ごせいどう》を批判するような厳しいネタだと、取り締まりを恐れて印刷せずに、「筆写《ひっしゃ》」といって、一枚の原稿をみんなで書き写して、パッと売ってサッと解散します。売る側だけでなく買った側も罰せられるので、読んだらすぐに燃してしまうのです。読み終えたらすぐに始末するという約束で売っている――一番のスクープネタが筆写で売られています。

最も売れた瓦版は、火事の速報をする「方角場所付《ほうがくばしょづけ》」。どの地域がどれくらい燃えたかをその日に刷って売り歩きます。なぜその日にできたかというと、地図の部分に「切り絵図《きりえず》」という、既存の版下を使ったから。その上から、燃えたところを赤で刷るのです。これは、皆が競って買い求めます。火事のお見舞いに行かなければいけないからです。商いのお得意様が無事かどうか、親族が無事かどうかを知って駆けつけます。これを買い求めるのが遅れると、「あいつは人情がない奴《やつ》だ」ということで疎《そ》遠《えん》になってしまいます。刻々と状況が変わっていくので、二版三版と刷りが重ねられていきます。

火事や地震などの災害が収まったところで、カラー刷りの事後報告が出てきます。

地震の後だと「なまずちょぼくれ」が誌面に登場。なまずが「ちょぼくれ節」というおもしろい節に乗せて、事件の顚末《てんまつ》を歌って歩くという形になっています。そうやって災厄を笑い飛ばして、厄落としにするのです。

瓦版の値段は、事件の大きさによります。三、四文《もん》から、高いものだと二、三十文。今の新聞や月刊誌と同じくらいの相場です。

浮世絵

現代の【テレビ】

江戸に登場した、浮世絵師《うきよえし》たち。「浮世絵」という言葉が登場したのは、延宝《えんぽう》八（一六八〇）年前後。「絵師」とは呼ばれましたが、今の画家とはかなり異なります。それまでの、「狩野派《かのうは》」や「やまと絵」などの絵師たちは、お城の襖絵《ふすまえ》などを描いていました。彼らは「絵を売っていくら」ではなく、お抱えで、扶持《ふち》（給料）をもらっていました。

浮世絵は、「売ってなんぼ」のもの。芸術ではなく、娯楽に徹したものです。遊里《ゆうり》や芝居町の遊女《ゆうじょ》や役者を描いたのが、浮世絵のはじまり。いわば、江戸のブロマイドです。「当世風」「遊楽的」「享楽的《きょうらくてき》」などの意味で、「浮世」の言葉が使われました。のちに風景画や花鳥画も盛んになりましたが、「売れるか売れないか」が勝負であることに、変わりはありません。多色刷りが主流となる明和《めいわ》以降は「江戸錦絵《にしきえ》」と呼ばれ、江戸の特産品として発展しました。

浮世絵は、ひとつのプロジェクトチームで作られていきます。絵師はその一員とし

北斎画『雪中傘持美人図』を模す。(『百日紅』より)

て、「版下絵《はんしたえ》」を担当します。「絵師」というより、しばしば「画工《がこう》」と呼ばれました。「版元《はんもと》」（出版社）があって、プロデュースをする「案《あん》じ役《やく》」がいて、画工がいて、「彫《ほ》り師」がいて、「刷《す》り師」がいて、みんなが集まってできていくのが、浮世絵です。モデルは誰にしようとか、色はどうしようとかいうことも、皆で頭を寄せ合って決めます。

「北斎《ほくさい》」とか「写楽《しゃらく》」「歌麿《うたまろ》」というのも、プロジェクトチームを指すものであって、ひとりの名前とは限りません。絵師のことは、本名で呼ぶことが多く、北斎であれば「鉄蔵《てつぞう》さんやい」と呼び「北斎先生」と呼ぶ人はほとんどいません。浮世絵師は、画家というよりは、テレビや映画の制作スタッフに近い存在です。

浮世絵以外にも、五代将軍・綱吉《つなよし》の頃の元禄《げんろく》年間に庶民が本を読むようになり、出版物が盛んになります。それまで、お経などを印刷することはあっても、娯楽のための本が印刷されることはありませんでした。

本が販売されるまでには、様々な手間がかかります。版元に持ち込まれた作品は、「行事《ぎょうじ》」という出版協会のようなところに持ち込まれ、類似した作品がないか、風俗を乱していないか、審議されます。

例えば、「心中《しんじゅう》」というタイトルでは、認可が下りません。「心中そのものがけしからん。それを、忠義の『忠』を逆さまにした『心中』という言葉で呼んでいるのはもっとけしからん」と、八代将軍・吉宗《よしむね》がいったからだといいます。それ以来、心中は「相対死《あいたいじ》に」という言葉に代えることになっています。

行事でOKが出ると、版元に戻ります。そこから、「筆耕《ひっこう》」という清書専門家のところで清書され、「版木屋《はんぎや》」で印刷、刷り上がったものが畳んで製本され、配本されます。販売されるまで、一、二カ月かかります。

出版物全体の中で、一番のベストセラーは「武鑑《ぶかん》」。これは、現代の紳士録のようなもので、大名《だいみょう》の家臣の名前、紋所《もんどころ》、代々の系図や給料の額まで載っています。大名行列の時の槍《やり》の先が図になっていて、覚えておけば、遠目から見てもどこの大名行列かがわかります。城での役職も書いてあり、呉服屋《ごふくや》が反物《たんもの》を売る時など、誰のところに行けばいいと目星がつくので、商人には必須《ひっす》のアイテムです。

地図類や、旅行のガイドブックも人気です。「名所図会《めいしょずえ》」というのもありますが、これは旅行書というよりは、地誌で教養のための本です。名所旧跡、寺院仏閣、景勝地の由緒《ゆいしょ》や来歴を書き記してあります。名所に関する芸文や物語も豊富に載っています。京都を扱った『都《みやこ》名所図会』は、六巻十一冊。『江戸名所図会』は、全七巻。かなり高価なもので、庄屋《しょうや》や名士《めいし》が、お金持ちのステータス・シンボルとして買うものです。今でいえば、応接間に百科事典を飾るような感覚でしょう。

江戸の識字率は、世界でもまれに見るくらいの高さでした。江戸市内だったら、ひらがなに限っていえば、ほぼ百パーセントで、当時のロンドンやパリと比べても群を抜いています。絵草紙《えぞうし》でもなんでも、漢字の脇に仮名が振ってあれば読めました。ただし、黙読ができないので、声に出して読まないと頭の中に入っていきません。高札《こうさつ》場《ば》などに御触《おふ》れが立つと、集まった人々が各々《おのおの》声に出して読むので、輪唱のようになってしまいます。貸本《かしほん》などでも、座敷の中でひとりが読んで、女性が出るところになると「じゃあ、女将《おかみ》。ここから読んでくれ」と、バトンタッチして、それをみんなが聞くというように四、五人で楽しみました。

番付

現代の【ランキング】

テレビや雑誌で、何かといえば登場するランキング。江戸の人々も、これが大好き。番付《ばんづけ》がそれです。

番付は、誰かひとりが作るのではありません。気の合う趣味の仲間が集まって、テーマを決めます。「美味《うま》いものの番付を作ろう」となれば、皆が思いつく限り札に書く——それを座敷に並べて、「これはこっちより上だろう」と、並べかえていくのです。

ほとんど洒落《しゃれ》でやっているので、わざと評判のよくないものを「大関《おおぜき》」の位置につけたり、人気のあるものを下に置いたりします。料理屋さんだったら、刺身のとても美味《おい》しい店が下の順位になっていて、「おかしいな」と思って「行司《ぎょうじ》」のところを見ると、魚嫌いの役者が行司になっていたりします。

番付の仲間は、気の合う者同士、あちこちの街から集まってきます。身分も様々で、侍もいれば、職人もいます。自由な交流の場になっているのです。

今の長者番付が、『大日本持○長者鑑《だいにほんもちまるちようじやかがみ》』。○というのが、お金の意味です。行司のところを見ると、「金比羅《こんぴら》」「大神宮《だいじんぐう》」「春日神社《かすがじんじや》」とあるので、「ああ、寄進額の多い順になっているのだな」とわかります。行司のところを見ると、どんな意図で作られた番付か、一目瞭然《りようぜん》です。

学者、絵師《えし》、花魁《おいらん》、美女の番付などもあり、こちらは実際に納得できる順位になっています。

一方、洒落だけで作られた番付もあります。『包丁里山海見立角力《ほうちようりさんかいみたてすもう》』は、おかずの番付。海の「大関」が鯛《たい》、野菜の「大関」が椎茸《しいたけ》になっています。

また、興味深いのが『うそまこと見立角力』。「うそ」には、「百物語《ひやくものがたり》の化け物」などがあります。夜集まって怪談話を語り合って恐怖を味わうのが、「百物語」。「百話語り終えると、化け物が出現する」といわれていましたが、それを茶化したものです。

「魚釣りの一尺《しやく》」というのもあり、魚釣りが大げさに自慢する様をあらわしています。

「まこと」には、「怖い時の念仏」というのがあります。「怖い時は真剣に念仏を唱える」という意味でしょう。「何時《いつ》でも飛んでくる医者」というのもあります。そういう誠実な医者は「まこと」であるという意味です。洒落の中にも、庶民の切実な思いがにじんでいます。

『どう楽者ぶしょう者の見立』も愉快。「膳の横に脚を投げ出してままを食う人」「行《あん》灯《どん》の受け皿に吸い殻を山ほど置く人」など、現代にもあてはまるような、ものぐさな様子が書かれています。「おとがいでものを教える人」は、「あごで『あっちだよ、こっちだよ』と指す人」のことです。

洒落の極致が『屁番付《へばんづけ》』でしょう。「大関」の屁は「東天紅《とうてんこう》」といい、「ひょとひょろひょろひっひっひ」と鳴ったとか。「梯子屁《はしご》」というのは、音階がある屁。その他「水車《すいしゃ》」「砧《きぬた》」など、風流な名前の付いた屁もあります。最も低いランクに「すか屁《ひ》」が置かれています。

髪飾り・煙草入れ

現代の【アクセサリー】

江戸より前、ほとんどの女性は髪を後ろに垂らしていました。女性の髷《まげ》が広まったのは江戸時代に入ってから。それから、髪飾《かみかざ》りが使われるようになります。

初めは、「櫛《くし》」と「笄《こうがい》」。この二つは、髪を結い上げるのに不可欠な必需品です。櫛で髪をとかします。笄は、髷を形作る時に必要になる棒です。この二点さえあれば、髷が結えます。

町人が豊かになってきた八代将軍・吉宗《よしむね》のあたり、江戸中期になって「簪《かんざし》」が登場し、櫛・笄・簪が髪飾りの基本の三点セットになります。

簪で一番高価なのが鼈甲《べっこう》で、吉原《よしわら》の花魁《おいらん》が、よくこれをつけます。売れっ子の花魁になると、まだらの入った大ぶりの鼈甲の櫛を、三枚も差します。笄には鼈甲よりも高価なギヤマンの物もあり、後ろには笄を八〜十本、放射状に差します。まるで頭からオーラを放っているような華やかさで、頭の頂上にも五、六本差して全部で十五、六本差します。首から上の価値が「家一軒分」といわれるほどです。

一般の人にはとても手が届かないので、鼈甲を真似《まね》た、馬の爪《つめ》・牛の爪などの加工品も登場して、これは比較的安い値段で買えました。

平打ちの「銀簪《ぎんかんざし》」も高価。武家の女性は、自分の家の紋所《もんどころ》がついた簪を差します。万一の時には、簪を抜き取って逆手に取ると武器にもなるのです。売れっ子の芸者などの場合は、慕い思う殿方の紋所をそこにつけて、忠誠を誓います。

一番ポピュラーなのが、「玉《たま》簪」。大きさによって「二《に》分《ぶ》玉」「三分玉」「五分玉」と呼ばれます。ビードロや珊瑚《さんご》でできていて、小さなものでも高価です。羽織《はおり》の紐《ひも》につけたり、煙草入《たばこい》れの根付《ねつ》け（帯から下げるための留め具に当たる部分）にしたりと、リメイクできるので財産価値があります。一番基本的な嫁入り道具で、「好きな男がしくじってどこか遠いところに落ち延びる」などという時、路銀《ろぎん》（旅の費用）の代わりにしたりもできるのです。

様々な「飾《かざ》り簪」もあります。小さな葛籠《つづら》に鋏《はさみ》、雀《すずめ》がついて「舌切《したき》り雀」というタイトルの簪。ナスとキュウリで夏を感じさせる簪。三味線の撥《ばち》の形をしている「撥簪」。涼しそうな「団扇《うちわ》簪」――手先の器用な職人の技を感じさせるものばかりです。指で摘《つま》んで模様を作る「摘み飾り」も、今に残る江戸職人の技です。

一番派手なのが、寛政《かんせい》年間に流行した、「びらびら簪」。簪の飾りから、細い鎖がいくつか下がり、その先に小さな蝶《ちょう》や鳥の形をした飾りがついています。女性の頭が動くのにつれて、びらびらと動くことからその名が付きました。チャリチャリと小粋《こいき》に音も響きます。これは未婚の女性しか差せません。飾りが大きくなるほど、恋人募集の気持ちが強いことになります。女性に声をかける時の目安になるので、男性にとってはありがたい飾りです。

指輪もあって、「指の輪」と呼ばれています。一般女性はあまりしません。花街《はなまち》の女性が、「私には約束があるからちょっかいを出さないで」という意味で、指にはめるのです。

男性がアクセサリーとして重宝したのが、煙草入れ。煙草を入れるという実用以上に、腰回りを飾る装身具として使われました。帯から下げる時の留め具となった「根付け」の部分だけを取っても、職人の腕が発揮されている、小さな美術品です。陶器、金属、漆《うるし》、琥珀《こはく》、珊瑚、ガラスなどを素材に、人や動植物をかたどった「形彫《かたぼ》り根付け」、彫刻が施された丸い金属製の「鏡蓋《かがみぶた》根付け」、漆や象嵌《ぞうがん》の装飾がされた箱形の「箱《はこ》根付け」などがあります。

煙草入れは、男性のステイタスを示すもの。花街などでは、煙草入れを見て、どのくらいの客かを値踏みします。

舶来品

現代の【インポート物】

鎖国《さこく》によって海外との交流は制限されていましたが、数少なくない舶来品《はくらいひん》を、江戸の人々は楽しんでいます。

享保《きょうほう》年間に渡来したのは、ゾウ。これは、浮世絵《うきよえ》にもなっています。ゾウは、天皇に拝謁《はいえつ》させるために「従四位《じゅしい》」の位を授けられました。長崎から運ぶ手だてがないので、ゾウは自力で江戸まで歩きました。その他、ラクダ、ダチョウ、オランウータンなども渡来しています。動物は、オランダ商館が幕府の機嫌を取るために持ち込んだり、商人が興行の見せ物にするために輸入したりします。

植物も輸入されています。「鬱金香《うつこんこう》」と呼ばれる、チューリップ。ひまわり、アロエ、時計草《とけいそう》も入ってきています。裕福な町人の間で園芸ブームがあり、日本になかった草花が珍重されています。

煙草《たばこ》入れで男たちは豪華さを競い合いましたが、特に高価だったのが、オランダの「金華山織縁金唐革腰差し煙草入れ《きんかざんおりふちきんからかわこしさ》」。「金華山織」というのはビロードで、縁に使われたのが、「金唐革」。革に金箔《きんぱく》を押して、その上に模様をプレスします。ヨーロッパでは壁紙として使われています。それが日本の持ちものにアレンジされました。

金唐革は大人気。それを購入するために日本の金銀銅が流出してしまうのを憂《うれ》えて、平賀源内《ひらがげんない》が、金唐革の模造品を和紙でつくったくらいです。

八代将軍・吉宗《よしむね》が洋書の輸入を緩和してから、翻訳書も出回りました。『イソップ物語』や『ロビンソン・クルーソー』などが読まれています。ロビンソンは「魯敏遜」と書かれました。

ワインは、赤いという意味の「Ｔｉｎｔｏ（チント）」という名前で輸入されています。ほとんど長崎のオランダ人が飲みますが、歌麿《うたまろ》の絵では、着物姿の美人がワイングラスでワインを楽しんでいます。彼女の片手には渡り蟹《がに》がわしづかみされています。

ワインを飲み終わった後の空瓶も、形がお洒落で丈夫ということで、長崎のお土産として珍重されています。出島《でじま》にはビールの醸造所があり、本国よりも美味しいと評判。逆に日本酒は、「サッキ」という名前で輸出されています。醬油《しょうゆ》も人気。「ヤパンシュソーイ」という名前で輸出されているのです。

今でも長崎名物のカステラは室町《むろまち》時代にポルトガルから伝わってきました。黄色く

お江戸にやってきた舶来(?)動物ランキング。(『一日江戸人』より)

て甘く、今よりもどっしりしています。『和漢三才図会《わかんさんさいずえ》』という江戸時代の百科事典には、レシピが載っていて、小麦粉と大量のお砂糖、卵、肉汁などが入っています。

今とは食べ方も違います。高級品なので小さく切り分けて食べ、冬場の寒い時だったら、吸い物椀《わん》に一切れ入れて、上から熱湯をかけ回し、蓋《ふた》をして、ちょっと蒸らしてから食べます。夏場の暑い時だったら、吸い物椀の一切れにかけるのは、冷たい水。白玉と同じように食べます。薄くスライスしたカステラに、わさびか大根おろしをつけて、お酒のつまみにもします。旅行の携帯食としても、一切れ口に入れると、唾《つば》がジュワッと出てのどの渇きが癒《いや》されます。栄養があるので、力がついてまた歩けるのです。

金平糖《こんぺいとう》、有平糖《あるへいとう》、ビスケットも長崎で作られています。金平糖も有平糖も、ポルトガル語で、ビスケットは、ポルトガル語の「ビスケート」から来ています。

今ではすっかり日本料理の一つとなっている天麩羅《てんぷら》も、ポルトガル語が語源です。金曜日の精進日のことを「テンペラ」といいました。この日は、肉を食べずに魚のフリッター（フライ）を食べます。テンペラに食べるものなので、そこから「天麩羅」になったのです。他にも、「テンプル」（寺・教会）で供された西洋料理からという説や、ペルシア語経由のポルトガル語の「調理する」を意味する「テンポウラ」から、そう呼ばれるようになったという説があります。

煙草はスペイン語。そのまま「タバコ」といえばスペインで通じます。

キセルは、カンボジア語の「キシェール」から。キセルの真ん中の竹の筒を「羅《ら》宇《お》」といいますが、ラオスの竹なので「ラオ」となりました。

襦袢《じゅばん》は、ポルトガル語の「ジュバン」。男性の立ち襟《えり》の上着のことだったのが、いつの間にか着物の下着になりました。「合羽《かっぱ》からげて三度笠《さんどがさ》」の合羽は、ポルトガル人が着るマント状の外套《がいとう》「カパ」が語源です。

江戸の人々は、オランダ人との交流も楽しんでいます。葛飾北斎《かつしかほくさい》が挿絵を描く、『東遊《あずまあそび》』という江戸の観光ガイドブックに「長崎屋《ながさきや》」の様子が描かれています。長崎屋は、江戸・日本橋《にほんばし》の本石町《ほんごくちょう》にあった旅館で、オランダ商館の一行が宿泊するために作られた宿です。そこにオランダ人たちがやって来ると、連日のように見物人が出て彼らと言葉を交わします。蘭学者《らんがくしゃ》も通い詰めてオランダの情報を集めました。平賀源内もここに通ったうちのひとりです。

花魁

現代の【銀幕の大スター】

花魁《おいらん》は、江戸の大スターです。浮世絵《うきよえ》というブロマイドで花魁にドキドキし、洒落《しゃれ》本《ぼん》で花魁の生活ぶりをうかがい知る――庶民にとっては雲の上の存在で、実際に遊ぶことなど、めったにできるものではありません。

吉原《よしわら》に遊びに行けたとしても、最初は「初会《しょかい》」といって、ほとんど花魁に顔を見てもらうだけです。二回目が「裏《うら》」で、一言二言声をかけてもらえるようになり、三回目でようやく「馴染《なじ》み」となる――どんなに客がお金を持っていたとしても、こういう手順を踏むことになります。

ふんだんにお金がある客なら、仲之町《なかのちょう》の茶屋まで、花魁が迎えに来てくれます。「禿《かむろ》」（六〜十四歳の見習い少女）や「新造《しんぞう》」（十五、六歳。将来の花魁候補）などの大勢のとりまきを引き連れて、三枚歯の塗《ぬ》り下駄《げた》を履いた花魁は、吉原のメインストリートをゆったり歩きます。普通に歩けば十分くらいで行ける距離を、小一時間もかけます。これが「花魁道中《おいらんどうちゅう》」です。

花魁の髷《まげ》は、豪華な簪《かんざし》や櫛《くし》で飾られています。首から上が「家一軒分」といわれるほど高価ですが重さも相当で、首を振るのも上半身ごと振らないといけません。持ちものは、花魁の自前が原則です。「旦那《だんな》」に買ってもらうのはいいのですが、お店からは支給されません。花魁の部屋にある、豪華な調度品も自前です。

花魁がゆったりした立ち居振る舞いなのは、腰巻《こしま》きにも理由があります。普通の女性の腰巻きには紐が付いていますが、花魁の腰巻きには紐がなく、挟んであるだけです。慌《あわ》ただしく動くと落ちてしまうのです。

歩き方は、「外八文字《そとはちもんじ》」――つま先を内側に向け、次に外側へ蹴《け》り出すように八の字形に歩きます。京都・島原《しまばら》の遊郭《ゆうかく》では「内《うち》八文字」です。丈《たけ》の高い下駄は重さもあり、持ち上げられないので擦るように歩きます。歩き方は、花魁がデビューする時、お店の廊下で先輩から特訓を受けます。

吉原といえば、「ありんす言葉」が有名です。地方出身者が多かったので、なまりを消すための人造語ですが、すべての「見世《みせ》」で「ありんす」が使われるわけではありません。見世によって、すべて違います。

吉原の中でも大見世の「松葉屋《まつばや》」では「おす」。「じれっとうございます」を「じれっとおす」、「ようございます」を「ようおす」といいます。松葉屋と並ぶくらいの

「丁字屋《ちょうじや》」では「ざんす」。山の手言葉といわれる「ざあます言葉」によく似ています。「扇屋《おうぎや》」だと「だんす」。「本当のことですか」を「ほんだんすかえ」といいます。「中《なか》萬字屋《まんじや》」は「まし」。「しなまし」「こっちに来なまし」などといいます。「久喜萬字《くきまんじ》屋《や》」では「しなんし」を使います。このように一軒一軒違うので、言葉を聞けばどこの花魁かわかります。

お芝居の中での花魁は、自分のことを「わちき」といいますが、実際は「わっち」といいました。なんだか男っぽい語感ですが、これを「六方詞《ろっぽうことば》」といいます。町奴《まちやっこ》(弱者を助ける正義の侠客《きょうかく》)などが使う言葉で、男っぽい言葉をきれいな女性が使うことで、色気が増して見えるのです。

花魁の中でも最高位なのが、「呼《よ》び出《だ》し」の花魁です。「張《は》り見世《みせ》」の花魁のように、格子《こうし》の中に座ってお客を待つことはなく、二階の自分の座敷で待っています。茶屋から呼び出しがあると、ゆったりと迎えに行きます。呼び出しの花魁は、約三千人いる遊女《ゆうじょ》の中で四人ほどしかいません。

そのクラスの花魁になると、諸芸に通じていて、花も生ければ、お茶もたてる、和歌も詠《よ》むし、書道もたつ——と、一通りの芸事は習い覚えています。学者の先生に、「この前読んだけど、ここは間違いじゃないかしら」と正しく指摘した花魁がいるく

気位高く美しい花魁は、決して笑わない。(『百日紅』より)

らいです。

お座敷では、一切ものを食べず、自分の前にあっても、箸《はし》を取ろうとしません。そして、笑いません。人形のように、しとやかに座っています。花魁の顔を「クスッ」と緩めたくて、旦那は一所懸命芸を覚えます。洒落をいったり、踊ったりして見せる——最高位の花魁を笑わせたというのが、旦那の手柄になります。普通ならものを食べない花魁に、銀杏《ぎんなん》をひとつ食べさせたというのが、自慢になるのです。

花魁と遊ぶのがいかに大変か——吉原には「貰《もら》い引《ひ》き」という決まりがあります。ひとりの花魁に二人の客がダブルブッキングしてしまった時、上客や支払いの滞っていない客に花魁が行ってしまって、座敷に残された客のところには、新造がやってきます。彼女は話の相手をするだけです。触ってもいけません。そしてそのまま朝まで過ごしても、花魁を揚げた時と同じ遊興費を支払うのです。ここで文句をいうと、「とんでもない野暮《やぼ》だ」と思われ、江戸っ子の恥になるので、必死に堪えなければなりません。吉原で最も粋《いき》な客は、遊女屋の座敷で芸者や幇間《ほうかん》（太鼓持ち）、踊り子などをたくさん呼んで、ワッとにぎやかに騒いで、泊まっていかずにパッと帰ります。「花魁にお酌をしてもらいたいから通う」という人が、一番喜ばれる客です。

現金を使う場合も多いのですが、よい見世の場合、「船宿《ふなやど》」「引《ひ》き手《て》茶屋《ぢゃや》」とふたつの店を経過してきます。客は引き手茶屋に財布ごと渡します。引き手茶屋がお客を保証するのです。これなら、手ぶらで遊女屋に行けます。

「来月の分だと茶屋へ五両《りょう》おき」という川柳《せんりゅう》がありますが、一回に五両だと、吉原では安い方で、一流の花魁を呼び出したら、百両が三日もてばいい方です。吉原は接待の舞台として使われることが多く、自分の懐《ふところ》銭ではなかなか遊べません。

遊ぶだけでも大変なので、花魁の「身請《みう》け」となると、大変なビッグイベントになります。あまりにも花魁の身請けのお金がかかりすぎるということで、寛政《かんせい》の改革の際に上限が定められたくらいです。「五百両以上取ってはいけない」という法律ができたのですが、それでも守られず、「千両花魁」が後を絶ちませんでした。

何かとお金がかかる花魁遊び。お金のトラブルが起こると、「附馬《つけうま》」が登場します。未払いの遊興費を取りたてるための、専門の始末屋です。ひとりで遊びに行った時は、客は遊女屋に留め置かれ、附馬が彼の自宅へ取りたてに行きます。仲間がいる場合は、人質としてひとりが残り、他の客に附馬が付いていきます。また、お馴染みさんでうっかり持ち合わせが足りなかったという場合だと、客と附馬が一緒に同道していきます。花魁遊びはなにかと大変なのです。

呉服屋

現代の【デパート】

「薄利多売」といえば、現代のディスカウントショップの合い言葉ですが、江戸にも、これをキャッチフレーズに売り上げを伸ばした商店があります。デパートの元祖である呉服屋《ごふくや》です。

それまでは、客の家を回っての注文販売と代金後払い、すなわち「掛《か》け売《う》り」が主流でした。お盆と暮れの二回に、まとめて代金を回収するのですが、この場合、見込まれる未回収分の被害額をあらかじめ上乗せして、リスクを回避しています。「越後《えちご》屋《や》」という呉服屋が初めて「現金掛け値なし、薄利多売、正札《しょうふだ》（定価）販売」を打ち出します。現金で売買することによって、リスクの上乗せ分をなくし、他店より安く売るわけです。

この商法で売り上げを伸ばした越後屋は、江戸本町《ほんちょう》から駿河町《するがちょう》に店を移します。駿河町の町内全部が店という、江戸随一の大店《おおだな》になったのです。店に置いてあるのは反《たん》物《もの》だけですが、高い天井にはディスプレイとして着物が掛かっています。「あまりに天井が高いので仰天した」という意味で「天井見たか」というギャグも生まれました。

数百名が働き、そのうち手代《てだい》は四、五十人です。「○番の手代さん呼んでください」といって指名もできます。客は履物を脱いで上がります。当時の絵を見ると、付き添いで来た奉公人《ほうこうにん》が、上がり框《かまち》に腰掛けて煙草《たばこ》を飲んで待っている姿が描かれています。呉服屋では、最高級の煙草とお茶が飲み放題で、お付きの人には、それが楽しみなのです。

越後屋では、切り売りもします。それまでの呉服屋は一反《たん》単位でしか売りませんでしたが、「これくらい欲しい」というのに応じて切ってくれます。江戸のオートクチュールといえる呉服屋ですが、庶民が覗《のぞ》きに行くこともできます。

高級品の場合は、「どこの桑で育った蚕《かいこ》でよった糸で、誰の手で織り上げられた反物か」というところまで指定できます。絹《きぬ》は糸が細いほど高価で、織る手間がかかるからです。娘が年頃になって「来年あたり嫁に行きそうだ」という時には発注してしまいます。これは、宝石以上の価値がある着物になります。

ちなみに、呉服屋で扱っているのは絹物だけです。木綿《もめん》や麻《あさ》のものを扱う店は、「絹より糸が太い」という意味で、「太物屋《ふとものや》」といいます。

大店になればなるほど、宣伝費にはお金をかけ、人気の歌舞伎《かぶき》役者と提携して、衣装を提供したりします。テレビならば「○○屋提供」とテロップが出るところで、江戸の場合は、錦絵《にしきえ》に絵姿を描かせます。その店の着物を着て、店の前に立っている絵にするのです。お店の看板が、その絵のどこかに入ることになります。そこに戯作者《げさくしゃ》などの知恵を借りて作った広告コピーが入ります。人気作家の小説に、実名で出してもらうこともあります。マスメディアと上手にタイアップして宣伝を繰り広げるのです。呉服屋と化粧品屋が、一番広告費にお金をかけます。また、お得意様へのサービスもあり、長年の顧客には温泉旅行のプレゼントなどもあります。

祭り

現代の【イベント】

江戸っ子にとって最大の楽しみが、祭《まつ》りです。しかし、中流以上の家庭にとっては悩みの種でもあります。

地主や商人など、「分限者《ぶげんしゃ》」と呼ばれるお金持ちは、それ相応の出資をしなければならないからです。

その出資額は町によって違いますが、少なくとも四、五十両《りょう》、多いところでは二百〜五百両になることもあるので、二年に一度の祭りのために、常日頃から貯蓄しておかなければなりません。

誰がどれだけ出したかは、全部貼《は》り出されるので、少なすぎると、すぐに周囲にわかってしまいます。「町の面汚《つらよご》しだ」ということになり、御輿《みこし》を担《かつ》いだ若い衆《しゅ》に、店を土足で踏み荒らされることにもなりかねません。

お祭りの一週間ほど前から、お店に幔幕《まんまく》を張り、金屏風《きんびょうぶ》を立てて、隣近所や取り引き先を招き、酒やおこわ、お煮しめを振る舞います。てんてこ舞いの騒ぎです。お金持ちも楽ではありません。

長屋《ながや》の庶民などが、お金を出す必要はありません。かえって大家さんに「自分たちでこういった趣向の山車《だし》を出したいので作ってください」とねだります。

祭り屋台の上は、お囃子《はやし》や踊りなど、沢山の出しものでにぎわいます。

長屋の庶民層が、よくやるのは仮装行列です。長屋の衆が、ちょうど十二人なら干《え》支《と》の動物の格好をします。

職業や地位を超えて同好の者が集まる「連《れん》」と呼ばれるサークルが、江戸には無数にあります。碁《ご》が好きな連だったら、みんなが一斉に頭を丸めます。顔を真っ黒にしたり、真っ白にしたりして、碁石に扮装《ふんそう》するのです。祭りのために丸坊主《ぼうず》にしてしまうのですから、江戸っ子の酔狂もここに極まれり、でしょう。

「神田《かんだ》祭り」と「山王《さんのう》祭り」が、「二大天下祭り」と呼ばれました。このふたつに限って将軍様のご照覧《しょうらん》があり、気合いが入ります。二年に一度、神田と山王が隔年ごとに行なわれました。

祭りに市はつきもの。これは浅草寺の「ほおづき市」。（『百日紅』より）

口上

現代の【コマーシャル】

テレビやラジオで、そのものとは全く関係ない映像や音声で耳目を引きながら、その商品を印象づけてしまうコマーシャルがよくあります。江戸の「口上売り《こうじょうう》」や「啖呵売《たんかばい》」はその元祖です。

調子のよい口上をのべながら、見世物《みせもの》で客を集めて商売する彼らを「香具師《やし》」と呼ぶのは、元々は薬、歯磨き、化粧品、香料など、香りに関係ある商品を扱ったからです。食い詰めた浪人《ろうにん》などは、威勢のいい居合《いあ》い抜《ぬ》きで客を集め、それで「野士」と書くこともあります。「弥四」「矢師」ともされました。

有名なのが、松井源左衛門《まついげんざえもん》です。居合い抜きで、富山の「反魂丹《はんごんたん》」という薬や、歯磨き粉を売りました。三方《さんぽう》を三段重ねしたところに乗って、長い大刀を抜いて居合い抜きするのです。

その子孫の松井源水《げんすい》は曲独楽《きょくごま》の名人で、やはり歯磨き粉を売るのですが、将軍様もご照覧《しょうらん》になったほど、その腕前は見事で、浅草《あさくさ》の顔役として代々「源水」を襲名し、芸を伝えました。

変わったところでは、「泣《な》き売《ばい》（泣き音《おと》）」というのもあります。哀れみを誘って商品を売る方法で、客の中にサクラが紛れ込んでいて、上手にお客を乗せます。

何もいわずに座っている「御覧売《ごらんばい》」というのもあります。古道具、書画、骨董《こっとう》など、もったいをつけた方が効果がある商品の場合は、この方法が使われました。

売り方の手法としては、「十九文見世《もんみせ》」が流行します。江戸中期に四文銭が普及し、ものの値段が何でも四の倍数になってきました。通常二十文のところを、十九文、つまり「一文引いて売っていますよ」という割安感を強調するもので、スーパーマーケットやディスカウントストアでの九十八円と同じ感覚です。

十九文見世は、何でも十九文で、これは、今の百円ショップに通じます。中には十九文では高いものも混じっていて、上手に見極めることが大切です。十九文見世が流《は》行《や》ったので、さらに安い「十八文見世」もできました。

戯作者

現代の【作家】

締め切りに追われ、編集者にせっつかれ、必死に原稿を書く作家。人気作家ほど、そんな苦しみを味わっています。

江戸の人気戯作者《げさくしゃ》・山東京伝《さんとうきょうでん》の黄表紙《きびょうし》『作者胎内十月図《さくしゃたいないとつきのず》』でも、そんな姿を目にすることができます。山東京伝は浮世絵《うきよえ》、洒落本《しゃれぼん》、黄表紙、滑稽本《こっけいぼん》と、何でもこなしたマルチタレントの元祖です。「黄表紙」は、「絵入《えい》り本」の「草双紙《くさぞうし》」の一ジャンルで、もとは「青本」と呼ばれていたのが、日光に当たると退色して黄色くなってしまうので、初めから黄色の表紙をつけた草紙が登場しました。諧謔《かいぎゃく》の強い荒唐無稽《こうとうむけい》な作品が、その黄色い表紙をつけたので、黄表紙と呼ばれます。

山東京伝は黄表紙で、自分で絵と文の両方を書きました。度々自分を作品に登場させていて、『作者胎内十月図』にも彼が出てきます。なぜそれが山東京伝だとわかるかといえば、羽織に「伝」の字、着物に「京」の字が散らしてあるからです。

京伝は版元《はんもと》（出版社）に頼まれて、机の前で物語の案をひねろうと苦しんでいます。

十月目。力綱に摑《つか》まって唸《うな》る京伝を、産婆《さんば》さんが励ましています。次のページをめくると、「めでたく無事出産、『おんぎゃあ、おんぎゃあ』と三冊の本が生まれました」という話になっています。

山東京伝といえば、小粋《こいき》でオシャレな江戸っ子憧《あこが》れの作家のひとりです。それでも、九百部刷って五十部しか売れない時もあります。ベストセラー作家でも、産みの苦しみに等しい創作活動をしているのです。

残っている肖像画では、山東京伝はけっこういい男なのですが、作品中に登場する京伝は、不細工な顔で描いてあります。でも、その団子鼻が「京伝鼻」と呼ばれて、とても人気のあるキャラクターです。

江戸で最大のベストセラー作家が、柳亭種彦《りゅうていたねひこ》です。十三年かけて三十八巻出した『修紫田舎源氏《にせむらさきいなかげんじ》』は、それぞれの巻がすべて一万部を超える大ベストセラーになっています。『源氏物語』をベースとした大奥《おおおく》のラブストーリーで、一冊を数十〜百人ほどが読む江戸の貸本屋《かしほんや》の文化を考えると、江戸で読んでいない者はいないくらいの勢いです。発売前に本屋に行列ができてしまうので製本が間に合わなくなり、客に表紙と綴《と》じ糸を渡して、自分で製本してもらうこともありました。

連載中に「種彦先生が病気だ」という噂《うわさ》が広まり、江戸中の女子たちが、続きを読めなくなるのではないかと心配し、いろんな神仏に「平癒《へいゆ》しますように」と願掛けしました。大奥の女中《じょちゅう》までもが願掛けしたほど、多くの女性に人気がありました。

幕末にブームとなった『児雷也豪傑譚《じらいやごうけつものがたり》』は三十年間にわたり四十三点書かれていますが、作者が四人代わっています。それでも人気は衰えません。読者にとって作家はどうでもよかったようです。主人公が魅力的でさえあれば、売れるのです。

作家の原稿料は、並の作家だと軽いパートかアルバイト代程度です。印税《いんぜい》のシステムはなく買い切りなので、本が売れて何度版を重ねても同じです。実績がないと一分《ぶ》くらいで、数百文《もん》で書く作家もいます。吉原《よしわら》での接待や、ご馳走《ちそう》をされて終わりということもあります。

山東京伝くらいの売れっ子でも、副業を持たないと食べられません。煙草小間物屋《たばここまものや》を営んでいた京伝は、本の中に自分の店の様子を描いています。絵の中では、吉原で一番売れっ子の花魁《おいらん》や、歌舞伎《かぶき》役者、角隠《つのかく》しを被《かぶ》った奥女中《おくじょちゅう》たちが京伝の店で買い物をしています。ちゃっかり自分の店の宣伝をしているのです。

『浮世床《うきよどこ》』『浮世風呂《うきよぶろ》』で有名な式亭三馬《しきていさんば》は、薬屋をやっていました。『南総里見八犬伝《なんそうさとみはっけんでん》』が大ヒットし、滝沢馬琴《たきざわばきん》が、初めて原稿料だけで生活ができる職業作家となります。それまで馬琴は、下駄屋《げたや》をやっていました。

貸本屋

現代の【レンタルビデオショップ】

魚、野菜、米、塩、納豆、小間物《こまもの》、甘酒――長屋《ながや》には様々なものを売りに行商人がやって来ます。わざわざ買い物に行かずとも済んでしまうくらいです。貸本屋《かしほんや》も、向こうからやって来ます。

貸本屋は、腰から頭くらいまで本の束を背負っています。お客の好みを把握している貸本屋は、「今度こんな本が入りましたよ」と、いい場面を開いて見せて、あらすじを聞かせます。映画の予告編のような内容を、自分の口で述べ立てていくのです。ついつい「あっ、それ読みたい！」と思わせるのですから、貸本屋そのものがエンターテイナーだったといえるでしょう。

最近、自宅に配達してくれるレンタルビデオショップができていますが、江戸の貸本屋は、それより凄《すご》い存在だったことがわかります。

ミステリー、サスペンス、ヒーロー物、恋愛物、『里見《さとみ》八犬伝《はっけんでん》』のような「読《よ》み本《ほん》」――それぞれ貸本屋によって、得意ジャンルがあります。包みの下のほうには、今でいう成人指定、艶《つや》っぽい本も忍ばせてあって、客の気を引きます。

貸本屋は、三日に一度くらいやって来ます。この時に、借りていた本を返し、新たに本を借りるのですが、「今度はこんな本を読みたい」と、リクエストもできるから便利です。借りていた本を、もっと読みたい時には追加料金を払います。返す時に、シミ、汚れ、破れ、落書きなどがある時も追加料金を取られます。

貸本屋が本を仕入れてくるのが、「地本問屋《じほんどんや》」です。地本の「地」は地酒の「地」と同じで、「京都や大阪ではなく、江戸の本を扱っている」という意味です。「読み本」と呼ばれる歴史・伝奇小説が最初に流行したのは、京都や大阪でした。江戸中期以降に、江戸を中心に出版されるようになります。

地本問屋では、今の本屋のように立ち読みはできません。お客が注文すると、奥から手代《てだい》や番頭《ばんとう》が本を持ってきて、あらすじなどを教えてくれます。それを聞いて、購入するかどうかを決めるのです。

地本問屋は出版から販売までを行ない、お抱えの作家もいます。よその出版社の本は売っていないので「いろいろな出版社の本を見たい」という時は、貸本屋のほうが便利です。

そんなことからも、一般の庶民は貸本屋を利用します。庶民が直接地本問屋に買いに行くということは、ほとんどありません。本の売り値は、江戸中期の「草双紙《くさぞうし》」といわれた正味が十ページくらいしかなかった薄っぺらいものなら十〜二十文《もん》と安かったのですが、柳亭種彦《りゅうていたねひこ》が書いたような長編物の小説だと、一冊が二、三百文になります。今の映画のビデオ一本で万を超すような価値観です。それが貸本屋なら、定価の六分の一くらいで借りられるのです。

　貸本屋は地本問屋から仕入れたら、借り手がいないからといって返品できません。「この本には借り手がつくだろう」という、自分の目利《めき》きが重要です。どうしても借り手が少なくなったら、かなり値段を安くして売ってしまいます。この辺りも、今のレンタルビデオ屋と似ています。

　地本問屋は貸本屋と緊密な関係を持っています。出版する時は、契約している貸本屋にあらかじめ、「今度こういった本が出るけれども何冊くらい注文いただきましょうか？」と聞いてから刷るのです。地本問屋にとっては、売れ残ることが少なく無駄がありません。売れ残らないように注文を取るのが、版元《はんもと》の才覚です。貸本屋は、地本問屋よりも実入りが多い商売でした。

　貸本屋は幕末近くには江戸市内に八百軒ほどあり、一軒の貸本屋が百七十〜百八十人の顧客を持っています。一軒で三、四人が回し読みをすると考えると、単純に見積もっても数十万人の読者人口がいることになります。地本問屋での売り上げが千部ほどでも、読者の数ではミリオンセラーになったのと同じくらいです。江戸では貸本屋が文化の伝播《でんぱ》に役立っていました。

看板娘

現代の【イメージガール】

江戸中に響き渡るほどの看板娘《かんばんむすめ》となったのが、笠森《かさもり》お仙《せん》です。彼女のいる「鍵屋《かぎや》」という茶店は、江戸から見るとやや郊外、谷中《やなか》の笠森稲荷《いなり》にあるのですが、それでも彼女を見たいがために、わざわざ足繁《しげ》く通う客が絶えません。女の子も多数押し寄せて、彼女のファッションセンスを盗んでいきます。それまでも町の評判娘というのはいましたが、江戸中に名が知れ渡ったのは笠森お仙が初めてです。

お仙は、父親の手伝いをしながら、十二、三歳からずっと働いていました。数え歳《どし》十八歳の時に当代一の美人画《びじんが》の絵師《えし》・鈴木春信《すずきはるのぶ》に一目惚《ひとめぼ》れされ、錦絵《にしきえ》に描かれます。十数通りの錦絵が江戸中に評判となり、大ブレイク。お仙見たさに日参を重ねる人や、お茶を何杯も飲み過ぎてお腹《なか》を壊してしまう人も出ました。もちろん見るだけで、手を触れることなどできません。

それから看板娘を置く茶屋が増えて、お茶の代金がグンと上がりました。それ以前は一杯一銭《せん》だったのが、看板娘が登場して最盛期には五十文《もん》〜一朱《しゅ》にまで跳ね上がります。浅草の「二十軒《にじっけん》」という茶屋では、きれいな娘を何人も揃《そろ》えましたが、「一笑みが百文かかる」といわれました。店の売り上げが格段に違ってしまうので、どのお店でもスタイリッシュな少女を探して、熱心にスカウトします。

素人娘《しろうと》を対象にした「娘評判記《むすめひょうばんき》」という番付《ばんづけ》が季節ごとに出版されるようになります。そのくらい、町娘の初々《ういうい》しさに脚光が当たったのです。お仙には「大極上上吉」という最高級の評価がつけられています。

茶屋娘のファッションも変化します。「前垂れ《まえだ》」は、それまで着物を汚さないためのものでした。これが一挙に高級化します。夏は、縮《ちぢみ》や麻《あさ》。冬は、羽二重《はぶたえ》や縮緬《ちりめん》。紺に白の縫い取りをしたり、裏をつけたりと、とどまるところを知りません。前垂れのほうが着物より価格が張っているということもありました。自分で買うのではなく、ご贔屓客《ひいき》が買ってくれます。前垂れ一つでその少女の魅力をどのように表現するか、個性を打ち出すかということに皆が注目しました。

看板娘は十三〜十八歳までがピークで、二十歳で引退します。あまりに看板娘が江戸中の市民の心を惑わせたので、幕府から禁令が出ました。「茶屋に出す娘は十三歳以下の子どもか、四十歳以上の年増《としま》に限る」となり、年頃の娘は出してはいけないことになりました。

浮世床・髪結い

現代の【ヘアサロン】

江戸の男性の髪型といえば、丁髷《ちょんまげ》と思われがちですが、丁髷は小さい髷《まげ》の意で、結髪の少数派です。額から頭上にかけて剃《そ》ってある部分を「月代《さかやき》」といいますが、そもそもは、武士が兜《かぶと》を被《かぶ》った時に、少しでも風通しをよくして、のぼせて倒れないために剃ったのが始まりでした。武士ならば、必ず自分で結うのがたしなみです。戦場に出た時、自分で結えなければ困ってしまいます。

ですから本来は、男性自らが月代を剃る必要はありません。平和な時代が訪れてから、町人階層もそういう髪型が凛々《りり》しいということで、皆が結うようになったのです。江戸にも、白髪染め、育毛剤はありますが、さほど髪の毛の量を気にしません。月代をいつも剃っているので、頭頂部が薄くなっても、あまり関係ないのです。

ただ、剃った月代は青いのですが、自然に髪が抜け落ちると、月代が青くありません。そこで、若く見せたい男性は「青黛《せいたい》」という青い眉墨《まゆずみ》、今でいうアイシャドーのようなものを、月代に薄く塗ります。

男性が髪を結ってもらうのが、「浮世床《うきよどこ》」と呼ばれるお店です。夜明けとともに開店して、日が沈んでからも二時間ばかり営業します。また、大晦日《おおみそか》などは夜通し仕事です。サロン化していて、お喋《しゃべ》りにだけ来る男性もいます。様々な情報が集まるので、親方が十手持《じっても》ちを兼ねていることもありました。

一人前になるまでには、「月代三年、顔剃り五年、仕上げが二年」といわれ、十年くらいかかるのが普通です。顔剃りが五年と意外に長いのは、顔、のど元、耳周り、耳の穴、鼻の穴まで全部きれいにするからです。腕がいい浮世床だと、半年先まで予約でいっぱいということもあります。

江戸っ子は、髪型にこだわります。髪は「上《かみ》」という字も当てるように、人の体の一番てっぺんです。髷先《まげさき》と体の一番下の履物を見れば、その人のオシャレのセンス、格式、お金持ちかどうかなどがすぐにわかってしまうのです。

髪型の種類は、幕末には三百種類近くになりました。毎年ヘアカタログのようなものが出るくらいで、うかうかしていると「それは去年の髪型だ」といわれてしまいます。

女性の髪結《かみゆ》いが髷を結うのが一般的になったのは、江戸時代中期以降です。かつては髪を自分で結うことができて初めてお嫁に行けたのですが、江戸中期から後期にか

「女髪結い」は、江戸中期以降さかんになった。(『江戸アルキ帳』より)

けて、遊女《ゆうじょ》の錦絵《にしきえ》や芝居の女形《おんながた》の髪型を真似《まね》て、ヘアスタイルが複雑になってきます。すると素人が自分では結えなくなり、「女髪結い」というものができてきたのです。女髪結いは出張サービスだけで、店は構えていません。贅沢《ぜいたく》なので幕府から度々禁じられましたが、千や二千ではきかないくらい、たくさんの女髪結いがいました。

女性が髪を洗うのは月に二度ほどです。最初の頃は、米のとぎ汁のようなもので洗っていましたが、油がきつくだんだん臭《にお》ってくるので、うどん粉に布海苔《ふのり》を混ぜるなどして使うようになりました。鬢《びん》付け油に香りのいい伽羅《きやら》などを使い、臭いを防ぎ、椋《むく》の木の皮、桑の木の皮、ごま油をつけて艶を保ちます。

鬘《かつら》は当時からありましたが、すっぽりと頭に被る形のものは芝居のものだけです。どうしても生え際《ぎわ》のところでバレてしまうのです。部分的なつけ毛は、「髢屋《かもじや》」で買えます。風が吹くと回る大きな筆のような看板が髢屋の目印です。つけ毛は、自毛と馴染《なじ》ませて増量します。女性が髪を売りにきたり、洗髪の時に抜け落ちた髪を買う「梳《す》き髪買い」の集めた人毛が原料になっています。

逆に、髪が多すぎる女性は、髷が大振りになって困るので、頭頂部を中剃りします。そうすると髷がすっぽりと収まるようになりますが、ざんばらにすると河童《かっぱ》みたいになってしまいます。

元禄

現代の【バブル】

社会が安定してきて、新興町人が力をつけてきた元禄《げんろく》年間。着物も袂《たもと》が大きくなって、大胆で派手、斬新《ざんしん》なデザインが多くなってきます。裾《すそ》も引きずるように、ゆったりと優雅に着るようになりました。

元禄を象徴するのが、東西の衣装比べです。江戸の石川六兵衛《いしかわろくべえ》の妻は衣装自慢で、江戸中でかなう相手がいなくなってしまいました。そこで西に目を向けたところ、京都の難波屋十右衛門《なにわやじゅううえもん》の妻も衣装自慢です。そして二人は銀閣寺《ぎんかくじ》を背景にした名苑《めいえん》で、東西対決をすることになります。難波屋の妻の衣装が、真っ赤な緋《ひ》の衣装に金糸・銀糸で京の名所を全部縫い取った、目もくらむようなものであるのに対し、石川の妻は、黒の綸子《りんず》に南天《なんてん》模様がパラパラッとある、一見すると地味な衣装——でも、よくよく見ると、南天の一粒一粒が全部、紅珊瑚《べにさんご》でした。格段にお金がかかっていたということで、石川の妻が勝利します。

元禄時代のヒーローが、「紀文《きぶん》」と呼ばれた紀伊国屋文左衛門《きのくにやぶんざえもん》です。「大門《おおもん》を打つ」

――吉原《よしわら》全部を買い切って、大門をたて切ってひとりで遊ぶ――そんな江戸の男の夢を、実際にやって見せたのが彼でした。

吉原で紀文が行なった、豆まきの様子が絵で残されています。座敷で豆の替わりに撒《ま》いているのは、小判や粒《つぶ》の金銀です。それを幇間《ほうかん》（太鼓持ち）や芸者が、競い合って拾います。一晩に千両《りょう》や二千両くらい撒いてしまいますが、拾っている彼らが懐《ふところ》に入れるのではありません。背後に役人がいて、役人の替わりに拾っているのです。幇間や芸者は、その中の一粒二粒がもらえるだけです。文字通りの賄賂《わいろ》のばらまきで、官僚を接待することによって仕事をもらうのです。その派手なパフォーマンスが彼の資力の宣伝ともなり、「紀文大尽《きぶんだいじん》」と呼ばれました。

彼の人生は謎《なぞ》で、生年や出身地もよくわかっていません。「紀文の糠味噌汁《ぬかみそしる》」といわれたくらい、普段は質素に暮らしていました。橋を架けるとか、工事をしている人たちを慰めるための施しをするなど、人の役に立つこともしているのですが、やがては幕府御用達の特権を奪われ、深川木場《ふかがわきば》で起こった火事で木材を焼失するなどして、深川八幡《はちまん》に閉居することになりました。不可思議な彼の生き様は、人情本《にんじょうぼん》や歌舞伎《かぶき》にも取り上げられています。

紀文大尽のライバルとされていた奈良屋茂左衛門《ならやもざえもん》も小判まきをしました。皆を集めて優雅に雪見をしていると、それを滅茶苦茶《めちゃくちゃ》にしてやろうといういたずら心が起きました。雪の上に小判をまいたので、皆が殺到して雪がグチャグチャになり雪見は台無し——それを見て、楽しんでいたのです。

料理茶屋・屋台

現代の【グルメ】

今では「食い倒れ」といえば大阪ですが、かつては「江戸の食い倒れ」といわれました。江戸に行けば、子どものお小遣いで買えるものから超高級店のものまで、どんなものでも食べられます。

料理屋《りょうりや》のはしりは、明暦《めいれき》の大火（一六五七年）の後に浅草《あさくさ》辺りにできた「奈良茶飯《ならちゃめし》」です。お茶でご飯を炊《た》いて、お茶漬けのようにお茶をかけて、お香々《こうこ》で食べさせるこの料理は、もともと、奈良東大寺《とうだいじ》の寺僧が考えたものです。

八代将軍・吉宗《よしむね》の死後、高級料理を食べさせる料理茶屋《りょうりぢゃや》が現れます。接待に使われる貸席に料理がついていて、お腹を満たすためではなく大切な会合に使われるお店です。各藩の留守居役《るすいやく》が外交時に席を設けたり、上流階級の商人が接待に使ったり、文化人が集って狂歌《きょうか》の会を開いたりもします。今でいうと、料亭に近い使われかたです。黒塗りのハイヤーで乗り付けるように、駕籠《かご》に乗ってやってきます。王子《おうじ》の飛鳥橋《あすかばし》の近くにあった料理茶屋は、音無川《おとなしがわ》がすぐ前で風光明媚《めいび》です。ロケーションがいいことも、いい料理茶屋の条件です。文化《ぶんか》・文政《ぶんせい》から天保《てんぽう》にかけて続々とでき、名の知れた店だけでも八十軒近くになりました。喜ばれたのが、贈答もできるお食事券で、数両《りょう》から数十両という高価な商品券でした。

庶民が気軽に入れるお店としては、江戸《えど》橋際《ばし》に「なん八屋」という小料理屋ができました。何を頼んでも一皿八文《もん》で、皿の数で勘定します。

握り寿司《ずし》ができたのは、文政三年頃で、両国にあった寿司屋が発明しました。それまであったのは「馴《な》れ寿司」「押《お》し寿司」で、自然発酵・熟成を待って押し、それを切り分けて食べます。作るのに時間のかかる食べ物で、どちらかというと保存食でした。

鮪《まぐろ》が寿司で食べられ始めたのは、天保二年です。それまでは鮪が「下魚《げぎょ》」として扱われていて、片端から肥料にしていました。この年に、あまりにも鮪が捕れすぎて処分に困り、赤身のいい部分だけ「ヅケ」と称して、醬油《しょうゆ》、みりんで下味をつけたものを試しに握ってみたところ大人気となり、庶民的な握りとして普及します。

天麩羅《てんぷら》、蕎麦《そば》、寿司などの屋台《やたい》も、江戸中に出るようになり、二十四時間なにがしかの食事ができるようになります。江戸は単身赴任者が多い一方、核家族化も進み、独居老人も沢山います。一人分を煮炊きするよりは、外食したほうが手軽で効率的なので、江戸では外食が盛んです。上方《かみがた》ではまだ外で食べるというのは恥ずかしいことで、「店屋物《てんやもの》」などという言い方をして、ためらいがありました。

食べることが娯楽になってきて、各地で大食い大会も催されます。百六十二人もの大食漢を集めた大食会も開かれました。

料理に関する情報も豊富になり、『料理通』『料理秘密箱』『料理物語』『古今料理集』などのレシピ本も、二百種以上出ました。中でも有名なのが大阪で出版された『豆腐百珍《とうふひゃくちん》』で、豆腐だけを使って百種類以上のメニューが載っています。実用のみならず、読んでも楽しいと評判を取ったので、続けて『大根百珍』『蒟蒻《こんにゃく》百珍』『卵百珍』などが出ました。一つの素材を巡って、どれだけたくさんの料理を考えられるかというゲーム感覚になってきたのです。

様々なお菓子もできてきました。今の形に近い羊羹《ようかん》ができたのは寛政《かんせい》年間で、それ以前は、蒸し羊羹しかありませんでした。寒天《かんてん》を入れて練り羊羹が作り上げられると、高級和菓子の王者を占めるまでになります。練り羊羹は型に流し込んで切り分けて売ります。型のことを「舟《ふね》」といったので、切り分けたものを、舟にちなんで「一棹《ひとさお》」「二棹《ふたさお》」と呼ぶようになりました。

羊羹の文字は、羊の羹《あつもの》と書きます。本来の羊羹の姿は、羊の肉や内臓や血を煮込んだ煮こごり状の料理です。他に羊の肝と書いて、「羊肝」といったものもありました。肝を煮てフォアグラのようにしたもので、テリーヌのように食べるのですが、日本に伝わった時、獣の肉は食べられません。そこでその色に似た小豆で代用して作ったのが、羊羹の始まりです。最初は塩味で作りましたが、砂糖が輸入され国内でも生産されるようになって、甘い羊羹ができるようになります。

粟餅屋《あわもちや》も人気で、各所にお店ができました。それぞれが本家、元祖、総本家などを名乗るのですが、どこも人気で人だかりが絶えません。粟でついたつきたての餅を一握り取って、指の股《また》から一粒ずつの団子《だんご》にして放り投げます。かなり先に、きな粉《こ》と胡麻《ごま》と餡子《あんこ》の入った三つの鉢が置いてあり、そのどれかに落ちます。名人になると、三つ握り出して三つ別々の鉢に入れます。一握りで四つ飛び出させる名人もいました。

天保の頃には、団子も変わりました。それまでは焼き団子が主流だったのが、砂糖が庶民にも普及して、甘いみたらし団子になってきます。これは屋台で売られ、庶民が気軽に楽しめます。

「唐人飴《とうじんあめ》」も庶民に人気です。往来に置かれた、チャルメラを吹くからくり人形の前で、唐人の帽子に唐人の服装をした商人が、外国語風なでたらめな歌と踊りで、子どもたちを呼び寄せます。

杉浦日向子の江戸こぼれ話　壱

相撲《すもう》、寄席《よせ》、歌舞伎《かぶき》、浮世絵《うきよえ》——江戸からは、世界的にネームバリューのある日本文化が生まれていますが、江戸文化の特徴は、そのいずれも庶民が生み出している点です。それらに親しむために日本を訪れる外国の方も沢山いますが、西欧の文化はオペラにしろバレエにしろ、特権階級の貴族を喜ばせるために生まれたものでした。それが、だんだん下の階級に降りていき、伝播《でんぱ》していったのです。反面、江戸では下から上に伝わります。庶民から生まれた歌舞伎なども、奥女中《おくじょちゅう》や武士がお忍びで観《み》に行きました。

江戸は天下泰平の世の中で、内外とも戦争が二世紀半に渡ってありませんでした。西欧は攻めて奪うことによってハイブリッドな文化が生まれていきましたが、江戸に略奪戦争はありません。江戸の文化は納豆のように中から発酵する熟成文化です。

江戸で最初に整備された五街道《ごかいどう》も、商人たちが通っていた道が、だんだんと太くなったものです。それに対して、西欧に残っている道のほとんどは、軍隊が通った後にできたもの——日本が西欧に対して誇るべきは、二世紀半の平和の中で独自の文化を育《はぐく》んでいった、その一点につきるでしょう。

実は江戸では、武士が皆の上に立つ者という意識もありませんでした。「士農工商《しのうこうしょう》」という四文字熟語が普及したのは、明治の教科書でさかんにPRされたからです。それ以前もそういう言葉はありましたが、庶民は知りません。「士農工商」といったら「え？ 塩胡椒《しおこしょう》？」と聞き返すくらいです（笑）。身分が順位付けられているなんて、全然考えていません。職人ならば自分の上は「親方《おやかた》」で、その上は「町名主《ちょうなぬし》」や「町役人《ちょうやくにん》」だと思っています。自分たちの職業の中でそれぞれの順位付けはありましたが、職業別のランク付けはありません。横一列の分業感覚なのです。

江戸には、価値観の同じ仲間たちがわいわいと一緒に趣味の会をする「連《れん》」という集まりがあります。ここでは、職業、身分、年齢、性別すべておかまいなしです。武士も町人も一緒に楽しんでいました。そんな中から、江戸独自の文化が生まれたのです。

第弐章　今も残っている江戸の風景

花火

夏になれば、楽しみなのが花火《はなび》です。日本の花火師の活躍で、世界中の夜空で美しい花火が花開きます。鉄砲伝来と共に伝わってきた花火ですが、盛んになり始めたのは江戸からです。

江戸両国《りょうごく》で、毎年花火が上がるようになったのは、享保《きょうほう》十八（一七三三）年からで、この年の五月二十八日、隅田《すみだ》川《がわ》の川開きにあわせて打ち上げられたのが最初です。この前年はたいへんな大凶作で、餓死者が約百万人も出てしまい、また江戸市内でもコロリ（コレラ）が大流行して、たくさんの死者が出ました。八代将軍・吉宗《よしむね》が、死者の魂を供養《くよう》するために水神祭《すいじんさい》を開催して、その時に上げられた花火が名物となり、毎年、川開きから八月いっぱいくらいまで、雨天以外は連日花火が上がるようになります。

今から見れば、江戸の花火は地味です。色は淡いオレンジ一色で、シュルシュルと放物線を描いて落ちていく「流星《りゅうせい》」という花火が主流です。花火が円形に開くのは明

江戸時代から隅田川の花火は大人気。(『風流江戸雀』より)

治七（一八七四）年以降、色とりどりになるのは明治二十（一八八七）年以降になってからで、江戸の花火は玉も小さく、幕末近くになってやっと四寸《すん》玉くらいのものができました。尺《しゃく》玉などはまだありませんでした。

上がるのは、一晩に二十発くらいです。間隔がゆっくりで、間がとても空きます。「あがる流星星下り玉屋《たまや》がとりもつ縁かいな」という歌が残っていますが、間が空きすぎるのでお酌のやりとりだけでは間が持たず、男女の仲が結ばれてしまったというわけです。

花火が上がる間は真っ暗になってしまい、カップルの仲を取り持つのに最適と思えますが、そうでもありません。江戸の花火は夕方から始まります。「とっぷり暮れる頃には、お月様とお星様に空を譲ろう」という粋《いき》な計らいで、終わってしまうのです。

今でも花火大会の時に見物客から上がる「たまやー、かぎやー」のかけ声――隅田川を舞台に競演を続けた二大花火師が、「玉屋」と「鍵屋《かぎや》」でした。玉屋は八代目・鍵屋の手代《てだい》の清七《きよしち》が「玉屋市兵衛《たまやいちべえ》」という名前をもらって独立したもので、あまり例のないことですが、腕がよかったので鍵屋の親方が独立させました。それ以来、上流に玉屋、下流に鍵屋が舟を出し、花火の美しさを競い合います。ライバルではありましたが、お互いの仲はよかったのです。

ちなみに、鍵と玉はお稲荷《いなり》さんの狐《きつね》が守護するもので、稲荷信仰の盛んな江戸ならではの屋号でした。

花火は、仕込みに手間がかかるので冬の間から取りかかってないとできあがりません。中に仕込む「星《ほし》」という小さな粒は、一日に一、二ミリずつしか大きくできませんし、紙は一枚巻いて乾かし、一日置いてまた巻くので、数カ月もかかってしまいます。精魂込めたので、作った本人が必ず点火します。

時間をかけて作られるので、花火はたいへん高価です。一発の相場が一両《りょう》で、松尾《まつお》芭蕉《ばしょう》の弟子の榎本《えのもと》其角《きかく》は、「一両が花火まもなき光かな」と、一両が一瞬のうちに消える様を詠《よ》んでいます。花火にかかる費用は、船宿が八割、料亭が二割負担しますが、それは、お客さんの料金に含まれるので、船宿や料亭は、花火の期間は高い料金になっています。庶民はそんなことにお構いなく、橋の欄干《らんかん》から鈴なりになって眺めました。

朝顔

東京入谷《いりや》の鬼子母神《きしもじん》一帯で朝顔市《あさがおいち》が始まると、「そろそろ秋がやってくる」という気分になります。朝顔市は、江戸末期から始まったもので、一時中断されていましたが、終戦直後に再開されました。

入谷の朝顔が有名になったのは、当地の植木師・成田屋留次郎《なりたやとめじろう》が、朝顔作りの名人であったからです。成田屋は突然変異形質を組み合わせて変わった朝顔「変化咲き朝顔」を多く作り出し、その様子を田崎草雲《たざきそううん》の画《え》で表した『三都一朝《さんといっちょう》』を出版しています。

また成田屋は、朝顔のコンテストである「花合わせ会」を各地で開き、自ら朝顔ブームを作り出す仕掛け人でもありました。ただしこのコンテストでは、タイトルを獲得しても賞金は出ません。見事な変化咲き朝顔を作り出すには、何度も試行錯誤を繰り返すので、多大な手間とお金がかかります。大藩の重役など、地位のある者でないと手を染めることができない趣味です。コレクションではなく、手をかけて技術を競うのが朝顔趣味で、とてもクリエイティブなものです。

変化咲き朝顔の栽培方法を記した『牽牛花水鏡《あさがおみずかがみ》』は、毎年相当数が出版されました。その他、変化咲き朝顔を美しい絵入りで表した図譜に『あさがお叢《そう》』『朝顔三十六花撰《さんじゅうろっかせん》』などがあります。

江戸の園芸ブームは、椿《つばき》、躑躅《つつじ》、菊、楓《かえで》、枳殻《からたち》ときて、幕末に朝顔と万年青《おもと》が二大ブームになりました。

これに手を染めると家が傾くといわれた江戸の三大道楽が、「園芸」「釣り」「骨董品《こっとうひん》」です。釣りも道具に凝り始めると、竿《さお》一本で何十両《りょう》、何百両とし、舟まで仕立てて出かけると、たいへんな散財になりました。

相撲

人気力士《りきし》の恋愛といえば、テレビや週刊誌、新聞のスクープネタですが、江戸でもそれは変わりません。人気力士と花柳界《かりゅうかい》とのロマンスは庶民の注目の的です。その頃は、錦絵《にしきえ》となってよく売れました。

力士、与力《よりき》、火消《ひけ》しの頭《かしら》が「江戸の三男《さんおとこ》」といわれ、女性にたいへんもてます。でも残念なことに、女性は相撲《すもう》見物ができません。女性が見ることができるようになったのは、明治以降になってからです。今でも土俵に女性が上がれないのは、その名残でしょう。

「大関《おおぜき》」に昇進すると、部屋から引き抜かれ、大名《だいみょう》のお抱えになる力士もいて、侍の身分になり禄《ろく》（給料）をもらいます。二本差しを許され、家来も与えられます。お抱え力士になると、大名の面子《めんつ》がかかってくるので、土俵上は、真剣勝負で燃え上がることになります。

「相撲見物に行って痣《あざ》のひとつもこさえてこないような奴《やつ》は男じゃない」と血気盛ん

な江戸っ子はいいます。喧嘩《けんか》になって死亡することもあって、何度か禁令も出ました。

土俵の柱には、数本の刀がくくりつけてあります。喧嘩が起きた時は、親方たちが、これを引き抜いて仲裁しに行くのです。

刀を差している行司もいます。これは、肝心な取り組みの時に出てくる「立行司《たてぎょうじ》」で、刀を差しているのは、大名の名誉に関わるお抱え力士同士の対戦時、判定を間違えたら切腹してお詫《わ》びするためです。行司も命がけなのです。

相撲は、屋外での晴天興行です。「よしず掛《が》け」で、リオのカーニバルのスタンド席のようになっていて、興行が終わると、取り壊します。

雨が降ると取り組みが行なわれないので、雨が多い季節だと、何カ月もかかることがあります。

「一年を二十日で暮らす良い男」という言葉がありますが、本当に二十日間の興行で終わります。「十両《じゅうりょう》」と呼ばれるお相撲さんは、一年で十両もらいます。年俸制なのです。

小柄で技のある力士もいますが、大きな力士もいます。どこまで信憑性《しんぴょうせい》のあるデータかわかりませんが、身長二メートル三十五センチの力士もいたそうです。黒船《くろふね》がや

スタンド席
丸太を組んで
よしずを
張っただけ
一日で仮設し
一日でこわす
柱に刀が
ゆわえつけてある
(ケンカの時
引っこ抜く)
ロイヤル
ボックス
弁当
お茶
こんなところに
力士が控えてい
る。支度部屋なし。
二重
土俵
錦絵では
力士は小山のように
大きく描き、
一般人は豆粒の
ように小さく…
行司は
裃姿

力士の錦絵（ブロマイド）はよく売れた。（『一日江戸人』より）

って来た時、港に力士をズラリと並べて、米俵を運ばせました。「こんなに強い大きな日本人もいるんだぞ」と、体格の大きい外国人に示したのです。

職人

現代は何かと頭でっかちになりがちです。自分の体と手で、物を作り出していく職《しょく》人《にん》に熱い視線を送る女性たちも多いでしょう。

「江戸の三職」といわれていたのが、「大工《だいく》」「鳶《とび》」「左官《さかん》」です。職人衆の中でも一番羽振りのいい職種で、女性にもてます。

なかでも大工の頭領《とうりょう》は、諸職の長で一番偉い司令長官のようなものです。給料も破格で、他の職人衆の倍の手間賃を取ります。

江戸の大工の典型的なユニフォームは、腹掛けに紺色のパッチ、紺足袋《たび》。それに、裏に麻《あさ》で編んだ組緒《くみお》を縫いつけた麻裏草履を履きます。材木を踏んで歩くので、足跡を付けないように、いつでもまっさらな麻裏草履を履くのです。これが大工のトレードマークです。

まっさらなので鼻緒《はなお》がきつく、奥まで足の指が入らずに「つっかける」という履き方をします。そして草履の先がツンと反っているのが、いなせに見えます。奥まで入れると野暮《やぼ》ったく見えてしまいます。

こうした服装は、十九世紀の中頃に江戸から始まり、幕末には全国的に広まります。江戸以前はというと、ほとんど褌《ふんどし》一丁に、草履だけ履いていました。

一人前の職人になるのは大変です。大工に弟子入りすると、七、八年は給料なしの「年季奉公《ねんきぼうこう》」で、衣食の心配はいりませんが、もらえるのはお小遣い程度です。その後一年間の「お礼《れい》奉公」があり、これももちろん、給料はありません。それから独立し、それまで「弟子」と呼ばれていたのが、晴れて「職人」と呼ばれるようになります。頭領からご祝儀《しゅうぎ》に道具箱をいただき、自分の道具箱を初めて持つようになるのです。頭領と同じような印半纏《しるしばんてん》が着られるようになるのも、職人になってからです。

それでも飽きたらずに、修業を続ける者がいるところが、江戸のおもしろいところです。諸国に修業に歩き、自分の頭領よりも格上のところに弟子に入ります。また七、八年、修業を続けて腕を磨くのです。

蕎麦

蕎麦《そば》を麺《めん》にして食べるのが普及したのは、江戸時代からです。最初は、蕎麦の実を雑炊のように炊《た》いて食べていました。それから、蕎麦掻《が》きにしたり、粥《かゆ》にしたりして食べるようになりました。蕎麦掻きは、蕎麦粉を熱湯に入れて練り、餅《もち》状にしたものです。丸くこねて両面焼いた「お焼《や》き」もありました。

江戸では「蕎麦」というと、蕎麦掻きか焼いたものというイメージが強く、最初は「蕎麦切《き》り」といわないと、麺状のものとわかりませんでした。これは上方《かみがた》の「麦切《むぎき》り」（うどん）から発想した食べものです。しかし、その蕎麦切りは、すぐに大ブームになり、江戸中に、蕎麦の屋台が出ます。

最初に流行《はや》ったのが、「慳貪《けんどん》蕎麦屋」という屋台の蕎麦屋で、もともと「慳貪うどん」というのがあり、それを真似《まね》たものです。「慳貪」は「つっけんどん」の「けんどん」で、一杯盛りきり、おかわりも給仕もない簡便さが売り物です。

皿の上に冷たい蕎麦を盛って温かい汁をぶっかけた「ぶっかけ蕎麦」が定番メニュ

ー。薬味は別料金で、大根おろし、ミカンの皮を干した陳皮《ちんぴ》などがポピュラーです。七味唐辛子も常連さんにはサービスですが、一見《いちげん》さんからはお金を取ります。葱《ねぎ》が普通に使われるようになったのは明治以降で、江戸で葱を使うと「南蛮《なんばん》」という別格のものになります。この「慳貪蕎麦屋」で刻み葱を望むのは、ちょっと無理があります。

慳貪蕎麦屋は、「二八《にはち》蕎麦」とも呼ばれました。三代・歌川豊国《うたがわとよくに》の浮世絵に、「二八」と大きく看板にある屋台蕎麦屋が描かれています。「二八」といわれるようになった理由については、二説あります。「二八が十六で、値段が十六文《もん》だから」という説と、「うどん粉と蕎麦粉の割合が二対八だから」という説ですが、他に、「一八蕎麦」「二六蕎麦」「三八蕎麦」という看板があったことから考えれば、やはり値段を表していたのでしょう。

江戸末期の蕎麦屋のメニューには、様々な蕎麦が並んでいます。「御膳大蒸籠《ごぜんおおせいろ》」、種《たね》もの（具入り蕎麦）では「あんかけうどん」「あられ」「天ぷら」「花まき」「しっぽく」「卵とじ」――。

青柳《あおやぎ》の貝柱を海苔《のり》の上に散らしたのが、「あられ」です。

もみ海苔が散らしてあるのが「花まき」。これには、黒塗りの蓋《ふた》がついてきます。お膳の上にきて蓋を取ったとたん、磯《いそ》の香りがフワッと来る、風流な食べ物です。

安永ごろから盛んになった蕎麦屋。深川州崎の弁天様の参道で。(『江戸アルキ帳』より)

卵焼き、かまぼこ、しいたけ、くわいがのっているのが「しっぽく」で、これは「おかめ」に似ていますが、おかめにのっているのは、かまぼこ、湯葉に松茸《まつたけ》です。江戸前《えどまえ》の「天ぷら蕎麦」は、今のように大きな車海老《えび》が二本のっているものではありません。小さい芝海老をかき揚げにしてのせたものです。

「ざる蕎麦」が、現在のように「海苔かけ」を意味するようになったのは、明治十（一八七七）年以降です。それまでは、ざるに盛ったのが「ざる蕎麦」、皿に盛ったものが「皿盛り」の略で「盛り蕎麦」でした。「蒸籠蕎麦」は本当に蒸籠で蒸していたので温かく、今でいう温《あつ》もりにあたります。蒸籠に冷たい蕎麦を盛るようになったのは、ずっと後のことです。

蕎麦といえば、気持ちよく音を立ててすするものですが、音を高く立てるようになったのは、ラジオ放送の落語で蕎麦をすする音を演じるようになってからのことです。江戸では、「スルスルッ」くらいならいいけれども「ズルズルッ」は汚い、という微妙な美意識があります。江戸前の蕎麦は下三分の一にしか汁をつけません。たっぷりつけると汁気が多く、かつ辛味が強すぎて「ズルズルッ」と唇をすぼめる形になりますが、ちょっとだけつければ、「スルスルッ」とたぐり込めるのです。

江戸初期のレシピを見ると「みりん一合《ごう》と醬油《しょうゆ》一合を合わせたものを一合に煮詰め、

大根の絞り汁を入れる」となっていて、汁が非常に辛くなっています。これなら少しつけるだけで足りますし、たっぷりつけると、とめどなく喉《のど》が渇いてしまいます。

今でも、「蕎麦饅頭《まんじゆう》」が食べられる蕎麦屋があります。最初、蕎麦というのは菓子屋で出していました。饅頭を蒸す蒸籠を活用していたのです。それで今でも老舗《しにせ》の蕎麦屋には、「蕎麦饅頭」「蕎麦ぼうろ」「蕎麦羊羹《ようかん》」などがあるのです。

宮大工

何百年もの時を超えて私たちの目を楽しませてくれる寺や神社では、江戸やそれ以前の職人の仕事ぶりをこの目で確かめることができます。焼けていない寺や神社だったら、建設に携わった人々の名が、巻物や帳面に、今でも残されています。

宮大工《みやだいく》は、それほど名誉ある仕事です。もちろん、誰にでもなれるわけではなく、建設の現場に集まった大工たちに、実技のオーディションが行なわれます。「鉋《かんな》が上手にかけられるか」「手斧《ちょうな》の使い方がいいか」——何か一芸に秀《ひい》でていなければ、とても務まりません。ふるい落とされて、精鋭部隊が作られていきます。

宮大工は、「規矩《きく》」と「木割《きわり》」という、他の大工にはない特別な技術が必要とされます。

規矩は、コンパスと物差しで建築用木材に墨付けをする技術で、木割は「一本の木からどのように材木を取るか」「家を建てる時にどのような寸法の裁ち方をするか」「どのような角度で屋根と梁《はり》を支えていくか」を見極めていく技術です。

土地があって、これだけのものを建てるという時に、宮大工はパッと見てどのくらいの材料で作れるかがわかります。面積と高ささえわかっていれば、一本の柱のあまりも出なければ、一尺《しゃく》足りない柱も出ません。見ただけで、すぐ計算ができました。明治初期の大工が、西洋風の建築を見ただけで建てることができたのは、規矩と木割の技術があったからです。

様々な道具が、建築の現場では活躍します。コンパスに似た円を描く「規《ぶんまわし》」は、竹でできています。また、「根発子《コンハッス》」という字で、金属でできたコンパスそのものも使われています。江戸初期に、長崎から伝わってきました。「準《みずはかり》」は、水平をはかる水準器です。

大工が使う曲尺《かねじゃく》は、表の目盛りのちょうど裏の目盛りが、平方根になっています。これを使うことによって、「斗組《ますぐみ》」といって、四角い木材を組み合わせる数値を割り出すことができるのです。

糸に墨を付ける「墨斗《すみつぼ》」は、日本の大工独特の直線を引く方法です。墨斗の横にある彫刻は、大工がおのおの彫っています。墨斗を見るだけで、大工の技量が推し量れるのです。

宮大工は、家元《いえもと》のように流派が分かれていて、建て方、しきたりがすべて違っています。伊勢神宮《いせじんぐう》の「式年遷宮《しきねんせんぐう》」が二十年に一度行なわれるのは、流派の技術を伝えるためです。

日本の木造建築は世界に名だたるもの。法隆寺《ほうりゅうじ》の金堂《こんどう》は世界最古の木造建築、東大寺《とうだいじ》の大仏殿《だいぶつでん》は世界最大の木造建築です。

花見

江戸時代中期から花見《はなみ》が盛んに行なわれるようになりましたが、私たちに親しみがある染井吉野《そめいよしの》が開発されたのは幕末から明治にかけてです。この頃はまだ、紅《あか》い若葉が先んじて霞《かすみ》のようにほんのりした咲き方の山桜でしたが、人々は春を満喫しました。

花見は、桜を見に行くというよりは自分たちを見せに行くパフォーマンスの場です。若い人たちがおそろいの着物を着て、歌ったり踊ったり、即興の芝居をしたりします。お花見の時の茶店には、三味線《しゃみせん》や小道具の鬘《かつら》などをレンタルしてくれるところもあります。手ぶらで行っても、にぎやかにすることができるのです。

女性たちは「花衣《はなごろも》」といって、年に一度の花見のために衣装をこしらえたり借りたりして、花よりもあでやかに着飾ります。男性にとっては、それを見るのが何よりも楽しみです。

花見の席では、お見合いもよく行なわれます。花見を縁《えん》に、山菜取り、潮干《しおひ》狩《が》り、夏の野山に行くなどして縁を深め、秋の頃に祝言《しゅうげん》というのがおめでたいコースです。

江戸の花見は三種類あります。最初は「梅見」で、親友と旧交を温める機会です。次に「桜見」で、ちょうど卒業・就職の季節の歓送迎会に当たります。締めが「桃見」で、これは郊外にハイキングして家族の和を楽しむ会です。この三つをクリアして春が成就《じょうじゅ》したと、江戸の人々は感じていました。

花の下であでやかな女性を見比べるのもおつなもの。(『風流江戸雀』より)

舟遊び

花火ともなれば現代でも、東京湾に屋形船《やかたぶね》やクルーザーがたくさん浮かびます。江戸の人々にとって、舟遊《ふなあそ》びは遊びの主流です。京都や大阪と比べて、山の行楽よりも水路が身近だったので、人々の目が川に向かったのです。舟遊びは、春夏秋冬に拘《かか》わらず行なわれます。春は花見、夏は花火、秋は紅葉、冬には雪見を舟でします。「猪牙舟《ちょきぶね》」「屋根船《やねぶね》」「屋形船」と、いろいろな船の種類がありますが、最も人気があるのが、一番小さな猪牙舟で、スピードの出る高速艇です。船頭《せんどう》は、いなせでスタイルのいい若衆《わかしゅ》で、川風で着流しの裾《すそ》が翻《ひるがえ》るのが粋です。小唄《こうた》などをさらりと唄いながら行きます。

舟遊びは、客が見栄《みえ》を張る場所です。そのためにも、船頭がかっこいい若衆である必要があります。どちらかというとビジュアル重視かと思えますが、船頭としての腕も確かです。猪牙舟はスピードを出すために、船体の幅が狭くなっているのでひっくり返りやすく、これを操作するのは大変難しいので花形の船頭さんにしか許されません。「棹《さお》は三年、櫓《ろ》は三月」といって、棹捌《さば》きのいい船頭がもてはやされます。大きい屋根船の船頭よりずっと高給取りです。

猪牙舟はデートにも使われます。船頭は、男女の恋の道も知り尽くしていなければなりません。そうでないと、気を利《き》かせて粋な計らいをすることができないからです。

猪牙舟のスピードをもっと楽しみたければ、「二《に》挺櫓《ちょうろ》」「三挺櫓《さんちょうろ》」を使います。船頭が二人三人と乗っていて速いのですが、これは「勘当舟《かんどうぶね》」とも呼ばれます。とてもお金がかかるので、極道息子が乗る舟というわけです。船頭がひとりでも猪牙舟の料金は高く、柳橋《やなぎばし》から吉原《よしわら》あたりまでで、往復料金が大工の一日の手間賃くらいになります。今の感覚でいうと、舟を使うのに最低ワンルームマンションの月額家賃くらいはかかるということです。

猪牙舟には、必ず布団《ふとん》が置いてあります。朝帰りの客が、仮眠をしながら帰るためのものです。布団は一枚きりなので、半分に折って手足をちぢこめ、中にくるまります。その様を橋の上から見た人たちが「ほら、柏餅《かしわもち》が帰る」といいます。

愛嬌《あいきょう》のある猪牙舟という名前ですが、語源としては様々な説があります。字の通り、猪《いのしし》の牙《きば》に似ているという説。長吉《ちょうきち》という人が考案し、「長吉舟」と呼ばれていたものが転訛《てんか》したという説。小さい舟なので、川の上にちょんと乗っているように見えることから、「ちょんき舟」が転訛したという説の諸説があります。

切妻型《きりづまがた》の屋根が載っているのが屋根船で、両側に簾《すだれ》がかかっていて、前後に障子があります。似たような形で、両側に障子がはまっている船がありますが、これは「茶《ちゃ》船《ぶね》」といって上方《かみがた》で流行《はや》った遊覧船です。簾は常に巻き上げておかなくてはなりませんが、船頭にちょっと袖《そで》の下を渡すと下ろしてくれます。外からはうかがい知れない、乙《おつ》な空間が生まれるわけです。

一番大きいのが屋形船で、屋根の上に若衆が乗って、そこから棹を差して船を操ります。二階建てのものや、八、九間も座敷がある屋形船もあります。

舟遊びに、芸者衆は欠かせない景物です。江戸の芸者衆は、舟の乗り方が上手でなければなりません。裾を乱さずに屋根のとっかかりに手をかけて、ツッと滑り込む、その姿が粋です。舟が揺れてもこぼさないようにお酌する、船酔いをしてしまったお客さんを介抱するなどのノウハウも知っていなければなりません。

舟遊びにつきものなのが「船宿《ふなやど》」ですが、「船のターミナル」という意味で、そこに泊まれるわけではありません。釣りに行く客の便宜も図りますが、遊郭《ゆうかく》が栄えるに従って、その入り口としての機能が発達しました。女将《おかみ》が客の品定めをして、店の格にあっている客かどうかを審査します。

船宿になくてはならないのが「二階座敷《にかいざしき》」です。これは、実に乙な空間で、今でいうメンバーズクラブのＶＩＰルームのようなものです。一杯さらりとやってから遊びに行きます。ここが使いこなせたら一人前の粋人《すいじん》です。舟が出ていく時には「ごきげんよう。お近いうちに」と女将が舟を押して送り出します。

焼き物

陶磁器《とうじき》のことをひっくるめて「瀬戸物《せともの》」というようになったのは、江戸の頃からです。そのくらい、瀬戸から江戸に入ってくるものが沢山ありました。同じ頃、大阪や京都ではまだ、「唐津《からつ》」「有田《ありた》」と産地で呼んでいました。

磁器では、九州の有田や鍋島《なべしま》のものが技術的に高度で高級品です。ほとんど殿様のもので、なかなか庶民の手には入りません。

ヨーロッパの貴族の間でも、日本の磁器は大変もてはやされています。日本の磁器でティータイムをすごすことが、ステイタスのひとつになっていて、ティータイムに欠かせないクッキーには、醬油《しょうゆ》がバニラエッセンスの代わりに使われます。香り付けに醬油を混ぜたジャポニズムのクッキーと皿でティータイムをすごすのが、最高に優雅でハイソサエティーでした。その頃の輸出品のトップは磁器で、その後に漆器《しっき》、金・銀・銅と続いています。

庶民が食器に陶磁器を使い始めるのは江戸中期以降で、それまでは木椀《もくわん》が主流でした。庶民が使った木製のふたつき椀のことを「合器《ごき》」といいます。汁を入れるものは「汁合器」で、ご飯を盛るものは「飯《めし》合器」です。その器をかじる虫を「合器かじり」(＝ゴキブリ)とも、器を被《かぶ》ったような容姿から「合器被り」(＝ゴキブリ)ともいわれています。また、縁が高くなっていて、煮物などを盛ることができるものが「平《ひら》」、小皿が「お手塩《てしょ》」――この四つがあれば、江戸庶民は生活していけました。

江戸で焼かれていたのが「今戸焼《いまどやき》」。主に瓦《かわら》を焼いていました。その副産物として江戸土産の「今戸人形」が作られたのです。型に入れて、いくつも大量生産されました。

剣道

庶民が道場に通い剣術《けんじゅつ》を学ぶようになったのは、江戸も幕末近くになってからです。江戸中期までは、「百姓や町人が武術を習うのはよろしくない」という禁令が出ていました。

禁令が緩んだのは、直心影流《じきしんかげりゅう》の長沼四郎左衛門《ながぬましろうざえもん》が小手《こて》や面《めん》などの防具、竹刀《しない》を開発してからで、それまでの木刀《ぼくとう》での練習のように、怪我《けが》をする危険が少なくなったからです。槍《やり》の練習も、先に綿を詰めた布をつけた「たんぽ槍」が使われるようになりました。

剣術がスポーツ化することによって、爆発的な剣術ブームが起こります。天保《てんぽう》以降には道場が乱立し、数千の流派ができました。

江戸の三大道場といわれたのが、千葉周作《ちばしゅうさく》の「北辰一刀流《ほくしんいっとうりゅう》」、斎藤弥九郎《さいとうやくろう》の「神道無念流《しんとうむねんりゅう》」、桃井春蔵《もものいしゅんぞう》の「鏡新明智流《きょうしんめいちりゅう》」です。

千葉周作は馬医の次男、斎藤弥九郎は郷士の長男で、千葉周作の師匠であった浅利《あさり》

防具の普及で、ちびっ子剣士が通う道場も。(『とんでもねえ野郎』より)

義信《よしのぶ》は、はじめあさりの行商をしていました。

そういった人々が新しい剣術を開発したのですが、その中でも、千葉周作はとてもわかりやすいシステムを作り上げました。めきめき上達するマニュアル化されたトレーニング法が評判を呼び、全国から人が集まりました。

道場の収入の多くは、段位を取っていく度にされるお礼です。それまでの道場は、十段階以上の段位がありましたが千葉道場には三つしかありません。それを超えれば最終の免許皆伝です。他の道場と比べて三分の一以下のお金で習得できたので、よけいに人気が出ました。

最終的にはお玉《たま》が池《いけ》という一等地に、後楽園球場と同規模の道場ができました。門弟の数は、じつに三千五百人となり、その中から、坂本竜馬《さかもとりょうま》や清河八郎《きよかわはちろう》など、幕末の志士が出ることになります。

講談

宮本武蔵《みやもとむさし》、荒木《あらき》又《また》右衛門《えもん》など——時代劇で活躍するヒーローのほとんどを生み出したのが、講談《こうだん》です。

江戸で生まれた話芸に「落語《らくご》」がありますが、落語家を「咄家《はなしか》」というように、こちらは話す芸で、講談は「語る芸」です。落語家は面白おかしく落とし話を聞かせて、笑わせるのが仕事です。一方、講釈師《こうしゃくし》には人に道を説く高潔な意思があり、高いプライドを持っています。そんなところから、落語家は「師匠」と呼ばれますが、講釈師は「先生」と呼ばれます。

江戸で五本の指に入る講釈師・伊《い》東燕晋《とうえんしん》は、他の講釈師と比べても取り分け高いプライドの持ち主でした。滝沢馬《たきざわば》琴《きん》や為永春水《ためながしゅんすい》など人気の戯作者《げさくしゃ》も、講釈師をやっていた時期があります。

講談にはあらゆる分野がありますが、最も人気なのは「軍記《ぐんき》物《もの》」、道徳や倫理を教える「心学物《しんがくもの》」「神道物《しんとうもの》」です。また「際物《きわもの》」は、時事ネタ、生もののことです。扇を革で巻いた「張《は》り扇《せん》」と「拍子木《ひょうしぎ》」を使って「パパンパンパン」と調子よくやっていきます。聞かせどころの名調子を「修羅場《ひらば》」といいます。

庶民が気楽に聞けたのが「辻講釈《つじこうしゃく》」で、講釈場や寄席《よせ》などのちゃんとしたところではなく、町中によしずをかけてその中で語ります。講釈場や寄席の値段は、四十八文《もん》か三十六文ですが辻講釈は値段が決まっておらず、持ち合わせの小銭を払えばいつでも聞けます。お使い帰りの小僧《こぞう》や、子守りの女性なども気楽に立ち寄れます。お金を払わずに帰ろうとすると、張り扇で差して「そこなお方」などと唸《うな》ります。タダ聞きはあまりできません。

寄席

天保《てんぽう》年間に、江戸中に二百十一軒もの寄席《よせ》ができました。一町内に一つほどですから、銭湯と同じ数くらいあったことになります。

それまであった娯楽は、歌舞伎《かぶき》と相撲《すもう》ですが、ただこちらは木戸銭《きどせん》が高く、庶民のすべてが楽しめるものではありません。

寄席の木戸銭は、歌舞伎の三分の一～四分の一程度です。時間も三時間くらいで、ちょっとした暇に見られます。人気があったのが「芝居噺《しばいばなし》」で、歌舞伎のいいところをダイジェスト版にして、一人で演じ分けます。これで気楽に歌舞伎の雰囲気が楽しめます。

咄家《はなしか》は、咄をするだけでなく、必ず他に芸があります。「影絵《かげえ》」「曲独楽《きょくごま》」「百面相《ひゃくめんそう》」、扇子《せんす》から水を出す「水芸《みずげい》」。手品のことは、「手妻《てづま》」といいます。咄だけだと「素咄《すばなし》」といって、味気ないものと思われました。余芸がなければ、一人前と認められません。余芸の中には、大食い、早食いといったものもあり、お客さんから「これを食べてみろ」と差し入れられて、人気がありました。

その中から天才的な咄家、初代・三笑亭可楽《さんしょうていからく》が現れます。お客さんから三つのお題をもらい、即興でそれをつなげて一つの咄に作り上げる「三題咄《さんだいばなし》」を初めて披露しました。大変な人気で、可楽が出る時は、寄席に二、三百人もの客が集まりました。可楽は、江戸の落語を確立したといわれています。

庶民に愛された寄席ですが、天保の改革でお上《かみ》の禁圧を受けます。水野忠邦《みずのただくに》というお堅い老中《ろうじゅう》が出てきて、「こういったものにうつつを抜かしているのはけしからん」と、一挙に寄席は十五軒に絞り込まれてしまいました。その他は細々と寺社の境内に九軒が残されるのみでした。

しかし、しばらくして水野は失脚します。息を吹き返した寄席は、すぐに六十余りになり、以後も増え続けて幕末には実に七百軒になりました。それだけ庶民に支持されていた娯楽だったのです。

可楽が亡《な》くなった後に、三遊亭円朝《さんゆうていえんちょう》が出現します。人情話から怪談話の『牡丹燈籠《ぼたんどうろう》』まで、数々の明治の名作を残した咄家に、可楽の作り上げた落語が受け継がれ、現代の落語があります。

俳句

「俳句《はいく》」という言葉を定着させたのは、明治の俳人・正岡子規《まさおかしき》です。江戸では「俳《はい》諧《かい》」「発句《ほっく》」といいました。

俳諧の「諧」は諧謔《かいぎゃく》の「諧」で、「おもしろみ」「ユーモア」「滑稽《こっけい》」「戯れ《たわむ》」「おどけ」などの意味があります。

句会で、「親《おや》」になった人間が作る最初の五七五を「発句」といい、その後に、別の人が七七と続けます。そしてまた次の人が五七五と続ける――この三つがつながりを持って、ひとつの世界を形作ります。すべて即興で行ない、それが三十六句つながって、ひとつの大きな世界になっていく――これを「連句《れんく》」といいます。発句からどんどん世界が変わっていくのがおもしろいところで、これが俳諧の主流です。

俳諧は、俳句とはかなりイメージが違います。全体で競作するので、一人一人が個人技を競うものではなく、芸術性を問うようなものでもありません。ルールも自由で季語が重なってしまってもいいですし、季語がひとつも入っていない「雑俳《ざっぱい》」であってもかまいません。

娯楽性も高く、句会は賭《か》け事《ごと》とも深いつながりがあります。「入花料《いりばな》」「入花」というのですが、一句につき八〜十二文《もん》の投句料を入れて、得点に応じてお金や賞品がもらえます。江戸でギャンブルは御法度《ごはっと》ですが、金額が少ないのでお目こぼしにされています。でも、あまりにも熱くなりすぎる人が出て、ちょくちょく注意を受ける句会もありました。

江戸の後期になると大変な句会ブームになり、地方に弟子をたくさん持つ宗匠《そうしょう》もいました。なかなか句会に参加できない弟子のために通信添削が行なわれます。俳諧専門の私設の飛脚《ひきゃく》までいて、宗匠と弟子の間を行き来しているうちに、句《く》に詳しくなり、句会のメンバーになる飛脚もいました。

「江戸座」という俳諧流派が江戸で栄えました。都会的で洒落《しゃれ》っ気のある俳諧です。

「朝寒《あささむ》の土手をふられて紀州傘《きしゅうがさ》」

これはその江戸座で生まれた句のひとつで、「土手」というのは吉原《よしわら》に続く日本堤です。朝帰りの客が土手をふらふらと歩いている——雨に「降られて」いるのと、花魁《おいらん》に「振られた」のをかけています。「紀州傘」は、ビニール傘のような安傘です。侘《わ》びしさがとてもよく出ています。

「幽霊にさえ逢《あ》わぬ貧寺《ひんでら》」

こちらは、幽霊にさえ見限られてしまった貧しい寺を詠《よ》んだものです。これらが俳諧の味でした。

豆腐

豆腐《とうふ》が広く庶民に食べられるようになったのは、江戸の中期以降です。「三白《さんぱく》」といって、江戸っ子の食卓に欠かせない三つの白いものがあります。白米の他に、豆腐、大根です。どちらも通年手に入りますし、値段が安定していて安いのです。

豆腐は、遣唐使《けんとうし》が中国から伝えたといわれています。最初は寺の精進料理として食べられましたが江戸中期以降、醬油《しょうゆ》が普及し、「奴《やっこ》」という形で豆腐が食べられるようになります。醬油を垂らしただけでおかずの一品になる手軽さで、爆発的に全国に普及していきます。

ちなみに、なぜ豆腐は「奴」と呼ばれたのでしょう。奴さんがよく付けている紋《もん》が、四角の白抜きのものだったので、そこから連想されたものだと思われます。江戸っ子は、湯豆腐のことも「湯奴《ゆやっこ》」といいます。

豆腐屋の店内に欠かせないのが、天井から下がる「八間《はちけん》」と呼ばれる吊《つ》り行灯《あんどん》で、油皿のところから、放射状に芯《しん》が出ています。全部に火をつけると、相当に明るく、八間（約十五メートル）四方を照らします。夜明けの二時間くらい前から作業をするので、これなしには作業ができません。

石臼《いしうす》で大豆をすりつぶし、下の「半切桶《はんきりおけ》」につぶした汁が落ちます。半切桶に溜《た》まった汁を袋に入れ、体重をかけて棒で搾《しぼ》り込むと、下の箱に豆乳が落ち込んできます。箱の内側には木綿《もめん》が貼《は》ってあり、重しをかけて適度な堅さにすると、木綿豆腐のできあがりです。奥ではおかみさんが油揚げを揚げています。豆腐屋は、家族経営です。

豆腐を入れた桶を天秤棒《てんびんぼう》に下げて、行商に出ます。桶の上には、豆腐に見立てた白い箱があり、それが看板代わりで、それを見ると、「ああ、豆腐屋さんだな」とわかります。箱に入っているのは、油揚げとがんもどき。朝昼夕の三回、「とうふー」と売りに来ます。江戸の豆腐の一丁《ちょう》は、今の四丁分の大きさです。

値段は平均すると四十文《もん》くらいで、ひとり暮らしの多い江戸では四分の一丁から切り売りしてくれます。

杉浦日向子の江戸こぼれ話　弐

私はお蕎麦《そば》をほぼ毎日食べます。三日も食べないと体がおかしくなってしまうほどです（笑）。お蕎麦という食べものもそうですが、私はお蕎麦屋さんという空間が大好きです。昼には遅くて夜にはまだ早いような、二時〜四時くらいの中途半端《はんぱ》な時間にちびちびお酒を飲みつつ、お蕎麦屋さんでのんびり過ごしているのが私の好きなスタイルです。そういうサボる場所がここかしこにあったのが、江戸のユニークなところでしょう。

寿司《すし》、蕎麦、鰻《うなぎ》、天麩羅《てんぷら》を「四大江戸前」といいますが、最初に江戸前になったのが「鰻の大蒲焼《おおかばや》き」です。江戸前の「前」は、男前や腕前の「前」に通じます。つまり、「江戸スタイル」ということです。

米がとれないから蕎麦を食べる、つまり蕎麦が代用食になっていた地方もありますが、江戸では、蕎麦は趣味食です。お腹《なか》を膨らませに行くのではなくて、「暇があるから蕎麦屋で一杯やろうぜ」というのが、江戸スタイルなのです。

天麩羅にしても、上方《かみがた》では魚のすり身を使っていましたが、それが江戸に入ってきて、切り身に衣をつけて揚げるスタイルになりました。スピーディかつ斬新《ざんしん》で、スタイリッシュなところが受けたのです。

上方で発祥した寿司は、馴《な》れ寿司や押《お》し寿司で、熟成を待たなければ食べられません。酢飯と合わせて目の前で握ってすぐに食べられるのが、江戸らしくて粋《いき》です。

江戸っ子の心をつかむキーワードは、「珍《ちん》」「奇《き》」「怪《かい》」——珍しく、奇をてらった、怪しげな（秘密めいた）ところのあるものが喜ばれます。上方にルーツがあるものでも、江戸風にアレンジして、まったく違ったものに生まれ変わっています。

「負けず嫌い」が、江戸っ子のバイタリティーです。京都を代表とする上方の歴史は約千二百年あるのに対して、江戸は三分の一の四百年程度です。八代将軍・吉宗《よしむね》の時代くらいまでは「下《くだ》り物《もの》」といって上方から来る物産が何よりの高級品で、下り物以外の「下らない物」はろくでもない物でした。まともにやっても勝てないから江戸っ子はアイディアで勝負したのです。二世紀半燃やし続けたライバル意識が、江戸文化の源泉です。

第参章　私たちの暮らしと江戸の暮らし

駕籠

現代の【タクシー】

江戸には、女性にできない仕事があります。「駕籠舁《かごか》き」「臥煙《がえん》」「飛脚《ひきゃく》」です。臥煙は火消《ひけ》しのことで、飛脚は今の郵便配達人。この三つは裸稼業で、素肌の上に半纏《はんてん》を羽織っての仕事です。駕籠舁きなら、問屋場《といやば》・宿場《しゅくば》で、「改《あらた》め」というボディ・チェックがあります。「お客様のものをなにも盗《と》っていません」というしるしに、いつでも裸にならないといけないのです。

タクシーに似ている駕籠ですが、もちろんメーターなどありません。料金に決まりはなく、話し合いで決まります。お金持ちの客からは、いっぱい取ります。心付けをねだる駕籠舁きも多いようです。

長距離だと高くなります。「重《おも》た増《ま》し」といって、目方のある客を乗せる時も高くなります。前を走る駕籠を抜くとご祝儀《しゅうぎ》が出ます。どれくらい抜けるかで、実入りが違ってきます。

急ぐ時には、「早駕籠《はやかご》」を使います。これは、四人が駕籠に付き、二人で担《かつ》ぎます。

三人目は先のほうの棒に縄をつけて引っ張り、四人目が後ろから押していく——これは、乗り手にもコツがいります。乗っている人も、中で調子を取らなくてはいけません。乗り方のことを「乗り前」というのですが、それが下手だと「お客さんの乗り前じゃ担げません」と、降ろされてしまいます。

垂《た》れを降ろして担げるのは町中《まちなか》の駕籠です。「道中《どうちゅう》駕籠」は垂れがありません。町中だと、吉原《よしわら》からの帰りなど、顔を見られたくないこともあるからでしょう。ただし駕籠は、江戸市内では使用が制限されていました。

垂れではなく、引き戸が付いているのを「乗り物」といいます。駕籠が一般車なら、こちらはリムジン。駕籠よりも重く、医者や武家など自前のドライバー（担ぎ手）を雇う人たちが乗るものです。担ぎ手は駕籠舁きといわず、「六尺《ろくしゃく》」といいます。奥女《おくじょ》中《ちゅう》が乗るような乗り物は特に重く、六人や八人で担ぎます。

体力勝負の駕籠舁きは、四十歳くらいでリタイアします。白髪が出るようになると、そろそろ潮時です。

駕籠舁きのＯＢ以外にも、江戸市中にはひとり住まいの老人が沢山います。諸国から江戸にやってきて、そのまま年老いて骨を埋《うず》めるのです。

彼らは、老人向けの軽労働をしてすごします。火種を炎にする「附木《つけぎ》」や、キセル掃除の時の「紙縒《こよ》り」など、荷の軽いものを売り歩きます。

最も楽だったのは、木戸《きど》脇《わき》に設けられた「番小屋《ばんごや》」に詰めることで、わらじ、鼻緒《はなお》など、細々とした日用雑貨を売ったり、道案内をしたりして、小遣い銭を稼ぎます。番小屋は江戸各所にあり、町民が交代で詰めます。


江戸は頑丈な人が多く、寝たきりの老人はほとんどいません。火事が多いので、走って逃げられるようでないと困るのです。それでも、足腰の弱い人は近所内で責任を持って見ています。火事の時は、真っ先におぶって逃げます。

「亀《かめ》の甲より年の功」で、江戸では老人を敬う気持ちが強いのです。台風・大水などの災害があれば、「前の時はどうしたのですか？」と、お年寄りに聞きます。老人は、生きている図書館。老後という言葉もなく、「老《お》い入《い》れ」といいます。

岡っ引き・御用聞き

現代の【防犯組織】

銭形平次《ぜにがたへいじ》や『半七捕物帳《はんしちとりものちょう》』の半七など、時代小説で活躍する岡っ引《おかぴ》き。岡っ引きの「岡」は「岡惚《おかぼ》れ」や「岡目八目《おかめはちもく》」の「岡」。「横から引っ張る」という意味で、実は「岡っ引き」は蔑称《べっしょう》です。本人の前でいえば、怒られてしまいます。「お上《かみ》の御用《ごよう》を聞いて動いている」という意味で、自分では「御用聞き」と名乗ります。その響きはまるで酒屋や米屋のようですが、こちらは「注文取《ちゅうもんと》り」あるいは「勝手伺《かってうかが》い」と呼ばれます。

他の呼び方では、「目明《めあ》かし」もあります。町方《まちかた》（関西）では、「同心《どうしん》」（警察官）の配下ということで「手先《てさき》」、聞きただすということで「口問《くちと》い」ともいいます。

犯罪捜査に活躍する、岡っ引き、いえ、そう呼ぶと怒られるので御用聞き――。現代の警察官のようなものかと思いますが、実は役人ではありません。同心がポケットマネーで使っている密偵なのです。御用聞きの主な仕事は密告で、それを「差口《さしくち》」といいます。入牢《じゅろう》中の犯罪者が、仲間を密告したり捜査に協力したりして、刑を軽減されて岡っ引きになることもしばしばあります。御用聞きは、奉行所《ぶぎょうしょ》の公認ではない人たちなのです。

　御用聞きは、同心から「手札《てふだ》」という身分証明書をもらいます。同心が、「この者は私が使っている者です」と証明するものです。しかし中にはそれをひけらかして、悪事を働く者もいます。三代も前にもらったものを、ひけらかしていたりします。

　御用聞きは、「下っ引《したぴ》き」「手下《てか》」などの子分をたくさん持っているので、「親分《おやぶん》」と呼ばれます。子分を使って探索に当たらせるのです。スリの道に詳しい者、サギに詳しい者、博打《ばくち》に詳しい者、泥棒をやったことがある者——こういった子分を持っていることが、いい御用聞きの条件。そして、「詳しい者」というのは、「やったことがある者」ということです。「この屋敷、お前だったらどこから入る？」などと聞き、探索の手がかりとします。まさに「蛇の道は蛇」です。

　同心のポケットマネーが源ですから、御用聞きにはわずかな収入しかありません。たまに同心は「鼻緒《はなお》代だ」といって、よけいにお金をくれます。御用聞きは普段、制服が決まっています。着流しに真っ白な鼻緒の雪駄《せった》、そして裏白の紺足袋《こんたび》。十手《じって》は袱紗《ふくさ》に包んで懐《ふところ》に入れるか、真後ろの帯の結び目に差します。御用聞きは、いろいろな者に変装して探索に回ることも多く、その場合も、真っ白な鼻緒でいることは決まっ

「与力・同心」は役人、その密偵が「岡っ引き」。(『とんでもねえ野郎』より)

ています。これは町の人混みで会った時に、「御用聞きだ」と同心に分かるためで、その鼻緒をすげ替える費用という名目で、お金を渡すのです。

そんな裏事情を知っていて、御用聞きにひどい目にあって「とっちめてやりたい」という者は、人混みで足もとが白い鼻緒の人間を後ろから殴ったりします。

御用聞きは収入が少ないので、二足のわらじを履いています。十手を預かる者が博打打ちだったり、芝居の興行や博打の開帳に関わっていたりしますし、妻に料理屋や茶店をやらせて、十手を預かる男もいます。

御用聞きを使う同心は、町奉行所《まちぶぎょうしょ》に属する役人です。ひとりの同心が、数名の御用聞きを使います。

御用聞きは、同心と一緒にいる時だけ縄を持つことができますが、その時でも縛る権利はありません。同心の指示があっても、からげたり、巻いたりするだけ。結び目を付けて縛り上げるのは、あくまで同心の役目なのです。

同心の上にいるのが「与力《よりき》」で、四、五人の同心を指揮します。その上が「町奉行」。武家地・寺社地を除く、江戸市中の町方に関する行政・訴訟・警察問題を扱うのが町奉行です。

「自身番《じしんばん》」「木戸番《きどばん》」という、民間の防犯施設もあります。

自身番は、大通りの四つ辻《つじ》にあります。また、木戸番は通りを挟んで自身番の反対側にあり、自身番と木戸番が対で両側を守っています。

自身番には、昼は三人、夜は五人くらい、通いで人が詰めています。上に火《ひ》の見櫓《みやぐら》があり、「火の用心」と夜回りもします。また、火事の時には出動するなど、自身番は、交番・区役所の出張所、そして消防署の機能も兼ねているのです。町の人たちがやって来て、囲碁や将棋に打ち興じたり、酒を酌《く》み交したりもします。飲食は一応禁止で、見回りの役人が来るとサッと隠すのですが、話のわかる同心なら見逃してくれます。町の寄り合い所にもなっているのです。自身番は、江戸市内だけで幕末には千カ所以上も設置され、こまやかな治安がなされています。

自身番の語源は、最初は町の地主が自身で番をしたから。町営で、地主たちが収める「町入用《ちようにゆうよう》」というお金で運営されています。

木戸番は、自身番の使い走りのような存在で「町番人《まちばんにん》」と呼ばれ、その場所に住み込んでいます。門を閉じたり開いたりと、町の門を管理するのが仕事で、ちょっとしたお小遣い程度しかもらえません。収入を補うため、「商番屋《あきないばんや》」といって、その場で商売します。わらじや蠟燭《ろうそく》、冬は焼き芋、夏は白玉などを売っています。

自身番や木戸番は、町の古株で町を隅々まで知っている人が推挙されてなります。

夜など、見知らぬ人が入ってきた時に、警戒の目を向けることができるからです。

木戸は「四つ」（夜十時くらい）には全部閉まってしまうので、夜遊びして帰る時は、脇の潜《くぐ》り戸を開けてもらいます。ただここで、顔を知っている人なら通してくれますが、不審な人は開けてもらえません。度重なると「またお前か」と、小言をいわれます。通る人の顔や町の様子を見るために、昼も夜も冬も夏も番小屋の戸は開けっ放しです。

木戸を閉めた後に通行人があると、「送《おく》り拍子木《ひょうしぎ》」を鳴らします。二人通れば、拍子木が鳴るのは二つ。二つ鳴ったのに三人来ると、次の番屋で止められてしまいます。

何か嫌疑をかけられて捕まえられると、自身番で軽く事情聴取され、江戸に七、八カ所ある「大番屋《おおばんや》」に送られます。ここに留置所があり、そこで一日拘置されて取り調べを受けます。そして、天満町《てんまちょう》の牢屋敷《ろうやしき》に送られるか、釈放されます。牢屋敷に入れられると裁判になり、刑が確定するまで三カ月〜半年かかります。

刑罰には、「軽叩《かるたた》き」「重《おも》叩き」などがあります。軽叩きは五十回、重叩きは百回、先が割れた竹刀《しない》で叩くのですが、音が大きいわりには、それほど痛くありません。また、回数もちゃんと叩くとは限りません。十分に身に沁《し》みたと思ったら、百叩きでも三十回で止《や》め、百叩きでも懲《こ》りていない場合は二百回叩く――江戸の刑罰は懲らしめるためというよりは、本人の反省のきっかけを与えるもの。温情の入り込む余地があるのです。

江戸の刑罰といえば、「遠島《えんとう》」と呼ばれた島流し。「所払《ところばら》い」と呼ばれる追放刑と、死刑の中間にあたる、かなり重い罪です。

殺人や殺人幇助《ほうじょ》、江戸十里《り》以内に鉄砲を持ち込む「入《い》り鉄砲《でっぽう》」、幼い子どもへのいたずらなどが、遠島になります。大八車《だいはちぐるま》で人を引っかけた場合など、怪我《けが》を負わせただけでも遠島。交通事故の罪も重いのです。

十五歳以下で重い罪を犯してしまった場合は、十五歳になるまでは内地に置かれます。十五歳になって体ができあがってから、島に送られるのです。

お奉行様《ぶぎょう》が裁きをいい渡す時に、「そのほう、不届《ふとど》きにつき」というと、追放刑以上の重い刑で、以下「お仕置《しお》き」「お咎《とが》め」と軽くなっていきます。「そのほう、不埒《ふらち》につき」なら、手鎖《てぐさり》以下の最も軽い刑です。

遠島の時も、重い罪と軽い罪では、船が違います。永代橋《えいたいばし》から出ている船は、ひらがなで「るにんせん」と書かれてあり、重い罪の人が乗ります。万年橋《まんねんばし》から出る船は、漢字で「流人船」と書かれていて、こちらは比較的軽い罪の者が乗ります。

船が出るのは、春と秋と年に二回だけなので、直前に船が出た後で刑が確定すると、半年間牢屋《ろうや》で待つことになります。その他、牢屋に入れられているのは、刑が確定していない人や、裁判が長引いている人です。「拘置所に一時引き留められる」という意味で入っているので、牢屋は刑務所や監獄ではありません。それでも、途中でお奉行様が代わってしまってなかなか刑が決まらないなど、牢屋にいるのが長引くことも珍しくありません。そういう者が、「牢名主《ろうなぬし》」となって威張ることになるのです。

遠島になると、島の中では柵《さく》などがあるわけではなく、自由に過ごせます。持ち込みが許される品々も、米二十俵《ぴょう》、麦五俵、現金は銭二十貫《かん》、金二十両《りょう》まで。島で順調に仕事ができるようになるまでは全部持ち出しですから、現金が必要です。そこで、一文《もん》無しの罪人の場合は、お上《かみ》から二分《ぶ》〜二両の手当金が支給されます。お金持ちの罪人なら、使用人や家族を連れて行くこともできます。ただし、妻を連れて行くことはできません。

島に着くと役人に、自分のしたい仕事を希望することができます。希望のない場合には、職業指導があります。

将軍様の代替わりや、お子様が生まれた時などに、島での行状がよかった人は恩赦《おんしゃ》に恵まれます。島から帰ってくると、元の名前を捨てて、別の名前で再スタートします。奉行所に記録が残っているので、再犯すれば裁きに影響が出ますが、一般社会では前の罪状は問われません。

自身番、木戸番の他に「辻番《つじばん》」というのもあります。これは旗本《はたもと》や大名《だいみょう》が、自分の屋敷内の大通りに面した側に設置する番屋《ばんや》で、自身番や木戸番に比べると、格段に怖い人が詰めています。それまで鼻歌を歌いながら歩いていた人も、辻番の前は息を詰めて通るほどです。

江戸の犯罪件数は少なく、大番屋で留置所が使われるのは年に数回です。町奉行所の役人は、たったの二百九十人しかいません。それだけの人数で全江戸の犯罪を取り扱っていたことからも、犯罪の少なさがわかります。また犯罪があっても、凶悪なものはそのまたごく一部です。泥棒が家財道具を盗む場合も、お金にするためではなく、多くは自分が使うために盗みます。「すり粉木《こぎ》はあるけれどもすり鉢《ばち》がない」といった場合に、「ちょっと失敬する」といった具合です。そもそも、町人の家には大した家財道具がありません。鍵《かぎ》というものがないし、戸締まりの習慣もありません。

一方、少数ですが、「大盗賊《だいとうぞく》」といわれる人々も現れました。天保《てんぽう》年間に活躍したのが、有名な鼠小僧次郎吉《ねずみこぞうじろきち》です。大名屋敷《だいみょうやしき》ばかり百軒以上に入り、一万二千両稼ぎました。そのお金を貧しい人々のところに撒《ま》いたと伝説になっていますが、それは後から講談《こうだん》などで作られたお話です。実際は全部、自分で「飲む、打つ、買う」に使っています。「義賊《ぎぞく》」ではなかったのです。ただ、鼠小僧は庶民の家を狙《ねら》っていませんし、人を殺していないので人気があります。市中引《しちゅうひ》き回《まわ》しの時には、見物人が群れをなしました。

稲葉丹後守《いなばたんごのかみ》の侍医《じい》の子に生まれたのが、稲葉小僧《こぞう》です。二十一歳で男っぷりがよく、大名屋敷に入って、刀剣を専門に盗みました。捕まえられ、引っ立てられる途中で縄抜けし、それで人気が出ました。

稲葉小僧と似た名前の、田舎《いなか》小僧という盗賊もいます。これは本人が田舎の出身だったからで、彼も、大名屋敷専門に入っています。

凶悪なのが、葵《あおい》小僧です。強盗で人も殺しました。大名屋敷だけでなく、町屋《まちや》も襲っています。葵のご紋《もん》をつけ、二本の刀を手挟んで立派な侍の格好をして強盗しました。彼を裁いたのが、「火付《ひつ》け盗賊改《とうぞくあらた》め」として盗賊逮捕に活躍した旗本《はたもと》・長谷川平蔵《はせがわへいぞう》です。たったの十日間で死罪にしました。あまりに凶悪だったので決定も早かったのです。

処刑されてから百十五年も経《た》ってヒーローになったのは、『白浪五人男《しらなみごにんおとこ》』の「日本《にっぽん》駄右衛門《だえもん》」のモデルで有名な日本左衛門（本名・浜島庄兵衛《はまじましょうべえ》）です。江戸では「どうでい、こいつは日本だ」などと、とてつもないことを「日本」と称しました。よきに

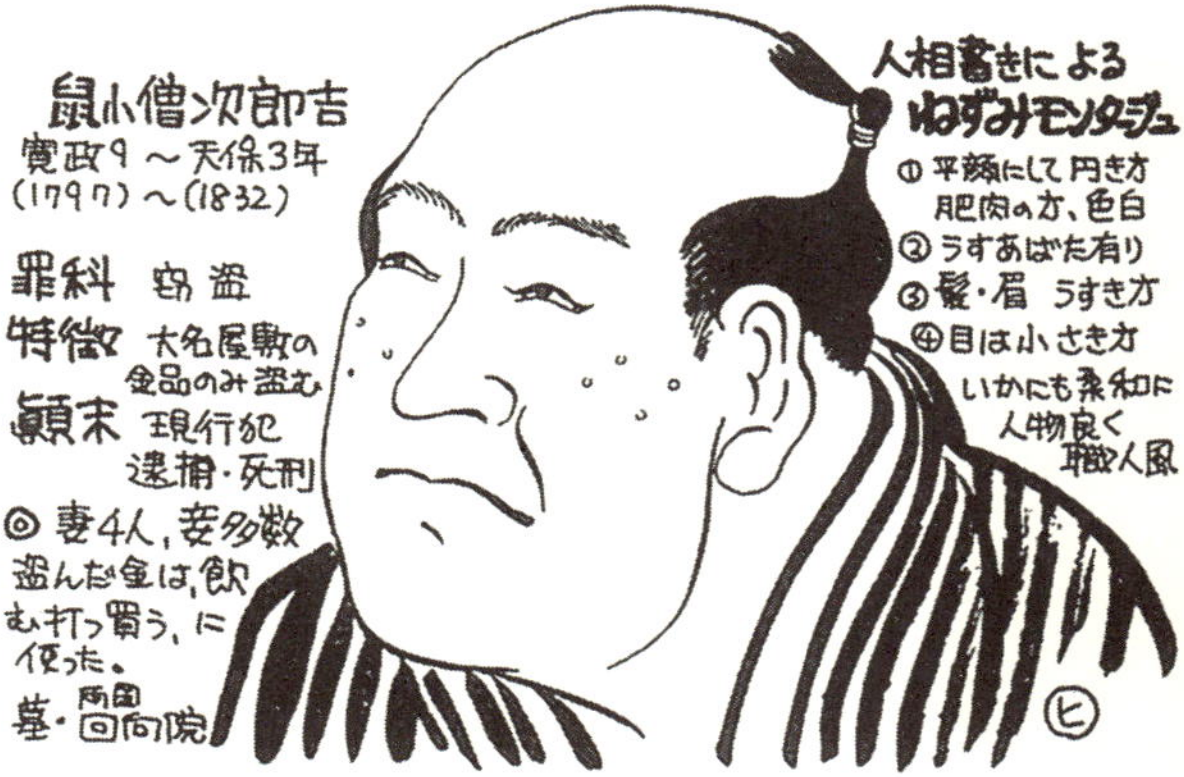

江戸一の大盗賊、鼠小僧次郎吉の人相。(『一日江戸人』より)

つけ悪《あ》しきにつけ、そういいます。とんでもないことをする大盗人《おおぬすっと》であるという意味で、人々が「日本左衛門」と呼んだのです。

日本左衛門は高張《たかは》り提灯《ぢょうちん》を家の中に全部立てて明るくし、仕事をやりやすくします。そして家人を全員縛り上げ、洗いざらい盗んでいくのです。「世が世であったら天下を取ったかもしれない」「戦国《せんごく》時代であったらひとかどの大名になったであろう」と、人々を唸《うな》らせた盗賊でした。

これを高名な歌舞伎《かぶき》作家・河竹黙阿弥《かわたけもくあみ》が書いて、義賊として復活させました。三代目・関三十郎《せきさんじゅうろう》という、悪役をやらせたら右に出る者はいないという役者が演じ、ますます人気に拍車がかかったのです。

凶器などを持った犯人が相手だと、捕《と》り物《もの》は、梯子《はしご》で四方を囲んで、じわじわと追いつめます。さらに怖い相手だと、その外側を戸板でぐるぐる巻きにします。四方から犯人に武器を突きつけて、捕まえるほうは交代しながら、相手が弱るまで待つのです。場合によっては、数日間かかることもあります。犯人に怪我をさせず、生け捕りにするのが基本です。

捕り物で動員されるのは、同心の家に住み込む「小者《こもの》」と呼ばれる人たちです。御用聞きは通いで小者は住み込みですが、同じような役割を担《にな》っています。

損料屋

現代の【レンタルショップ】

ビデオにCD、衣装、スーツケース、ビデオカメラ——現代は様々なものがレンタルで利用できますが、江戸にも損料屋《そんりようや》というものがあります。何でも貸すという損料屋。手ぬぐい一本から、羽織《はおり》や袴《はかま》、屏風《びようぶ》や掛《か》け軸《じく》まで借りられます。けっこうポピュラーな貸しものが褌《ふんどし》で、洗わないで返せるのが、江戸っ子にはありがたいのです。洗濯代も含まれるので、貸し賃は高く、鰻丼《うなどん》が一杯食べられるくらいの値段です。

数時間から数年と、貸す期間もいろいろです。日中、日の出ている間だけ貸す「昼《ひる》貸《が》し」(「烏貸《からすがし》」)、日が落ちてから日が昇るまで貸す「夜《よ》貸《が》し」(「蝙蝠貸《こうもりがし》」)などもあります。田舎から急に親戚《しんせき》が出てきて泊まる時など、夜具を借りるのに夜貸しは割安で便利です。ただ、お日様が上がるまでに返さなければならないので、朝はちょっと慌《あわ》ただしくなります。単身赴任で江戸に来ている場合などは、三年間という借り方もできます。

借りる時は、レンタル料としての「損料《そんりょう》」の他に保証料を預けます。お店によって違いますが、例えば損料が十文《もん》なら全部で三十文渡します。品物を返す時に、二十文が帰ってくる仕組みです。返却された品物を点検して、壊れていたら何文かの修繕費が差し引かれます。保証料がないと、質屋に入れたり、古道具屋に売ってしまったりする人がいるのです。

損料屋は、大体が他に質屋、金融業、古道具屋、人材派遣業などを兼ねています。今でいう多角経営です。組合に申請して、「鑑札《かんさつ》」をもらうことが必要で、「盗品を扱ってはいけない」等々の規則を守れる者が、鑑札をもらえます。

江戸の損料屋は、現代のコンビニエンスストアのように無数にあります。反対に京都や大阪には、ほとんどありません。江戸には単身者が多く、また火事が多くて持っていてもすぐに燃えてしまうので、何でも「借りてしまおう」と思うのです。

長屋《ながや》の人は自分のものはほとんど持っていません。しまっておくようなものは、持たずに借りてしまいます。いつも出しておくものだけが自分のもの――茶碗《ちゃわん》と箸《はし》くらいです。鍋《なべ》や七輪《しちりん》も多くの場合借りて済ませます。

損料屋が一番混むのが、花見の時期です。弁当箱や、敷物を借ります。「茶番劇《ちゃばんげき》」という素人《しろうと》芝居が花見のメインイベントで、その時に使う衣装や鬘《かつら》も借ります。皆が一斉に借りに行くので、早めに借りに行かないとチグハグな衣装になってしまいます。これは、シーズン料金で高くなります。

犬や猫を二カ月とか半年の間借りて、可愛《かわい》がって返すということもできます。また、「代わりにお墓参りに行ってください」「代わりに謝りに行ってください」などと頼んで、人を借りることもできます。

奉公人

現代の【ビジネスマン】

江戸時代のビジネスマンといえば、奉公人《ほうこうにん》です。しかし現代のように、経営不振で一方的にリストラされることは、ほとんどありません。そんな場合は、今まで出ている一等地からちょっと裏手のほうに店を移し替えたり、店の経営規模を縮小したりして乗り切ろうとします。車に譬《たと》えれば、お店が車体だとすると、奉公人たちはエンジンです。それが小さくなると、お店はますます成り立たなくなります。また、そういう時に解雇をすると、残った者も商いに身が入らなくなるものです。次に自分がクビを切られるかもしれないと思ってしまいます。

突然解雇されるのは、よほど本人に問題がある時です。「博打《ばくち》に入れ込んでしまった場合」「他の店に情報を流すスパイ行為をした場合」のふたつが、一番多い解雇理由です。

奉公人は、まず「小僧《こぞう》」から。上方《かみがた》では「丁稚《でっち》どん」といいます。これは十歳前後からスタートするのが理想です。後の出世を考えると、奉公するのは若い方が得だからです。二十歳をすぎると、「中年者《ちゆうねんもの》」といわれて雇われなくなってしまいます。

小僧の髪型は、前髪を高く張り出す「前髪立《まえがみだ》て」と決まっています。仕事は雑用で、水撒き、お使い、掃除。それからお客さんにお茶やお菓子を出したり、履物を揃《そろ》えたり暖簾《のれん》を出したりと、けっこう忙しいものです。ご主人の子どもの守《も》りも重要な仕事です。

仕事が終わった後は、遊んだり勉強したりできます。勉強は、「手代《てだい》」や「番頭《ばんとう》」が、直《じか》に手取り足取り教えてくれて、遊ぶのは、同じお店の同年代の子と。なかなか外で遊ぶことはできません。お利口にしていると、たまにお客さんから心付けをいただけます。それで買い食いをするのが一番の楽しみです。

三年を一区切りとして、短い休みがもらえます。江戸では「宿下《やどさ》がり」「出番《でばん》」といい、上方では「藪入《やぶい》り」といいます。親が江戸に住んでいる場合は、「お使いに行っておいで」といわれて、帰りにちょっと寄るくらいは大目に見られています。そうでない場合は、この宿下がりが親に会えるチャンスです。ただし、休みは一日か、多くて三日。一日ならば日帰りが原則ですが、一泊して翌朝店に出る場合もあります。遠いところだと、行って帰っては来られません。その場合は、「請《う》け人《にん》」という保証人のところに挨拶《あいさつ》に行くだけで終わりです。

宿下がりの時にはちょっとしたお小遣いが出ますが、普段は無給です。ご飯を食べさせてもらいながら行儀見習いをさせてもらえるということで、それが当たり前になっています。

五～九年で、手代になることができます。ただし小僧から手代になれるのは、三分の一くらいです。本店で試験があり、店に役立つ人物かどうかを見極められ、解雇されてしまう場合もあります。終身雇用ではなく、実力主義の世界です。

この時にはもう、成人式を終えています。成人式は店によって違いますが、十七～十九歳の間で、二十歳前に終えてしまいます。手代というのは「大人」という意味で、成人式には木綿《もめん》の羽織《はおり》をご主人からいただきます。

手代になると、頭の中央部だけ剃《そ》る「中剃《なかぞ》り」という髪型になり、足袋《たび》がはけるようになります。また年四両《りょう》の「給金《きゅうきん》」も出ます。大人なので、酒も煙草《たばこ》もＯＫ。芝居見物や、伊勢参《いせまい》りにも行けます。

手代になると「初登《はつのぼ》り」という長期休暇がもらえ、国元《くにもと》に帰ることができます。四十～六十日間くらいの長期ですが、心からのんびりできるわけではありません。お店から呼び出しの書状が来れば昇格ですが、お呼びがかからないこともあります。その場合はお店から、「ご苦労さん」ということでちょっとした退職金が届き、自然解雇となってしまうのです。一度解雇されると再就職はまず無理です。他の店で解雇された人を雇い入れるということはまずありません。

この「登り」は五、六年ごとにあり、それを乗り越え、番頭への道を進みます。十〜二十年経って、やっと番頭になります。

番頭になれるのは、二十人のうち一人か二人程度です。番頭になると、絹物《きぬもの》の羽織が着られるようになり、配偶者をもらえて、持ち家が許可されます。結婚相手は国元の女性からご主人が選びます。江戸での自由恋愛は御法度《ごはっと》です。三十七、八歳になるまで独り身なのだから、辛《つら》いものがあります。さらに、「通《かよ》い番頭」という偉い番頭になると、ご主人に意見するまでになります。日常、主人より采配《さいはい》を振るうのが番頭で、奉公人を解雇する時など、それを決めるのも番頭の仕事です。

江戸時代に、ヘッドハンティングはありません。いくら優秀な番頭でも、他の店の番頭として再就職するということはありません。そういう番頭を雇うと、また他の店にノウハウを持ったまま横滑りしてしまうかもしれないからです。商いは信用が財産なので番頭は子飼いであることが基本です。店を辞めた番頭は、自分で店を興《おこ》すしかありません。

番頭をやり遂げると、少なくとも五十両、多いところで二百両の退職金をもらって楽隠居ができます。その後は、お店のために貢献してもいいし、別に商いをはじめるのも、道楽にのめり込むのも自由です。

このような奉公人と対照的なのが、店の「若旦那《わかだんな》」です。せわしなく働く奉公人の前で、若旦那はゆったりと無垢《むく》の銀ギセルを取り出して、煙草の煙をくゆらせます。

若旦那独特のファッションがあります。細い帯を胸高に締めます。帯は腰紐《こしひも》よりも広い程度で、一寸《すん》八分《ぶ》くらい（約五センチ）です。細身の脇差《わきざし》をストンと落とし差しにします。髷《まげ》は、流行の「本多髷《ほんだまげ》」で、なで肩で色白、やせ形で背筋がしなっと猫背気味になっているのが若旦那らしいとされます。力仕事をしないという建て前なので、筋肉が付いていると若旦那らしくないのです。子どもの頃から力仕事はせず、荷物は、お供《とも》の小僧に全部持たせ、手ぶらで何も持たないで出かけます。財布さえ持っていません。

でも、芝居に出てくるような放蕩息子《ほうとうむすこ》はごく一部で、大きな店になればなるほど質実剛健に育てます。一番厳しいところは祖母の子どもとして育て、十五、六歳の道理がわかる頃になって、「実の息子だった」と打ち明けて連れ戻して来ます。それくらい、厳しく育てるのです。

若旦那が遊ぶのは、「大旦那《おおだんな》」を継いだ時に客を接待する技を学ぶためで、自分が

奉公人の気持ちが分かってこその若旦那。(『風流江戸雀』より)

遊ぶためではありません。大旦那に二十両を渡されて、「遊んでこい」といわれます。おつりがあっても駄目だし、足りなくなっても駄目です。ケチってもいけないし、使いすぎてもいけません。「うまい遊び方に、生きたお金を使え」という修行なのです。

大旦那の跡を取るのが若旦那ですが、どうしようもない放蕩息子で、跡を取らせることができないとなれば、番頭などに跡を取らせることになり、家を出されてしまいます。そうなればもう若旦那とは呼ばれないで「与太郎《よたろう》」になります。与太郎は、「不要太郎《ふようたろう》」がなまったもので、嫡男《ちゃくなん》が不要になったということです。若旦那も楽ばかりではありません。

そして大旦那ですが、派手にお金を使う豪商もいたものの、それは例外中の例外です。江戸の初期には権力に取り入って稼ごうという商人もいましたが、しだいに地域社会に利益を還元して、周囲の支持を得ようとする傾向になりました。豪商がいると町そのものが栄えるので、皆から尊敬されて、「有徳《うとく》の人」と呼ばれます。

「店は主《あるじ》の者と思うべからず。店を譲り受け、また譲り渡すまでの三十年の間の奉公人と思うべし」

こういう覚悟を掲げるお店が沢山あります。

ほとんどの豪商は、とても慎《つつ》ましやかで、質素な日常生活を営んでいます。食事はご飯と沢庵《たくあん》一切れくらいで、おかずが付くのは一日と十五日の「荒神様《こうじんさま》の日」だけということも、珍しくありません。

冠婚葬祭も慎ましやかです。こんなエピソードがあります。大旦那に死期が迫ったのですが「息子にまかせておくと葬式が必ず派手になってしまう」と、その大旦那は心配しました。そこで、自分で全部段取りを決めて葬儀屋を値切り、前金を支払いました。「これ以上びた一文《もん》取らない」と契約を交わし、慎ましやかな葬式が執り行なわれることに——これは、豪商の三井《みつい》家に伝わるエピソードです。豪商は、自分の死後の出費のことまで気遣ったのです。

口入れ屋

現代の【人材斡旋業《あっせんぎょう》】

「士農工商《しのうこうしょう》」と身分が決まっていて、職業選択の自由はなかったと思われている江戸時代。しかし、江戸には口入《くちい》れ屋《や》と呼ばれる人材斡旋業があります。職業の異動は認めないというのが建て前だったので、公《おおやけ》のハローワークのようなものではありません。口入れ屋は、すべて私営です。

口入れ屋を「桂庵《けいあん》」とも呼びます。江戸の初期に大和《やまと》慶安という医者がいて、男女の仲の取り持ちをやっていました。そこで、人と人とを結びつける者を「けいあん」と呼ぶようになり、転じて後に、口入れ稼業《かぎょう》が主にそう呼ばれるようになったのです。

紹介先として多いのは、武家《ぶけ》奉公《ぼうこう》です。「中間《ちゅうげん》」「六尺《ろくしゃく》」「小者《こもの》」といった武家の軽い者に斡旋します。奴《やっこ》の格好をして付き従ったり、主に行列の人数を合わせるために雇われます。三〜九月、九〜三月の半期での採用が多いのは、あまり短いと、口入れ屋の儲《もう》けにならないからです。口入れ屋は前金で仕事料をもらいますが、斡旋した中には途中で逃亡する者も多く、トラブルが絶えません。

他の斡旋職業としては、「下男《げなん》」「人足《にんそく》」、女性なら、「仲居《なかい》」「住《す》み込《こ》み」「妾《めかけ》」「遊《ゆう》女《じょ》」などがあります。一方で、人材を発掘して、商家に斡旋する口入れ屋もいます。歌舞伎《かぶき》や浄瑠璃《じょうるり》で有名な、幡随院長兵衛《ばんずいいんちょうべえ》も口入れ屋でした。口入れ屋に来る中には、「人別帳《にんべつちょう》」（戸籍簿）に登録されていない無宿者《むしゅくもの》や、無法者《むほうもの》も沢山います。町奴《まちやっこ》の頭《とう》領《りょう》として名高い幡随院長兵衛のように、「男伊達《おとこだて》」といわれるような凄みのある主人でないと切り盛りできないのが口入れ屋稼業です。法で禁じられている仕事まで斡旋し、危ない橋も渡っていました。

富くじ

現代の【宝くじ】

賞金が億を超える宝くじが、珍しくなくなった昨今ですが、江戸の人々も、「賞金千両《りょう》」の富《とみ》くじに殺到しました。

発売当日、富くじ売りの周りには、凄い人だかりができて、もみくちゃになります。袖《そで》はもげ、帯は解けるという大騒ぎで、「富くじを買いに行く時には、下帯《したおび》ひとつ、丸裸で行くとよい」といわれるくらいです。富くじの発行は寺社奉行《じしゃぶぎょう》の管轄《かんかつ》で、お寺や神社が、建物を補修する名目でお金を集めます。初期の富くじは一枚一分《ぶ》と高額でしたが文化《ぶんか》・文政《ぶんせい》期に大ブームになり、「もう少し安くしよう」ということになりました。それでも、半額の二朱《しゅ》。高級ホテル一泊分くらいです。

一回の富くじの最高額は、百両、百五十両、三百両、五百両、千両とあります。当たっても全額が懐《ふところ》に入るわけではなく、百両の場合だと、一割の十両を寺や神社に寄付として収めなければなりません。五両を世話人などに、お礼として収めます。また、五両で次回の富くじを買わされます。

きれいに飾り立てた大八車《だいはちぐるま》に、角樽《つのだる》、尾頭付《おかしらつ》きなど祝いの品々、その上に賞金が載り、若い衆《しゅ》が大勢で旗を立てて三味線《しゃみせん》や太鼓の鳴り物入りで「おらおらおらっ！」と景気づけながら、当選者のところに運んできます。「ここに当選者がいるよ」と、触れ回ることによって富くじのPRにするのです。これが近所の人々を「私たちも買ってみよう」という気持ちにさせます。上に載っている祝いの品々にかかる費用も、賞金からあらかじめ引かれています。そんなこんなで、手元に残るのはおよそ七割です。そして、ゴルフのホールインワンと一緒で、ご近所にはおごらないといけません。

今の宝くじと同じように、富くじも組と番号で表します。組は、鶴《つる》・亀《かめ》、松《しょう》・竹《ちく》・梅《ばい》、十二支《じゅうにし》などが使われていて、発行枚数は通常一～三万枚ですが、大きい場合は十五万枚くらいになります。

富くじというよりは、「突《つ》き富」「富突き」と呼ぶことが多いのですが、それは当選の決め方によります。大きな箱に、くじと同じ番号が振られた小さな木札が、売った枚数だけ入れてあり、お坊さんが長い錐《きり》の棒で、上から一気に突き刺して、当たりの番号が決まります。一回突くごとに混ぜ返し、それを百回繰り返して、百番目が「突き止め」となります。富くじは高いので、長屋《ながや》の人々は一枚の富札を数名が頭割りで買う「割《わ》り札《ふだ》」をしました。今でいう、グループ買いです。

もっと安く買える「陰富《かげ》」というものもあります。勝手に個人で富札を作って、それを一文《もん》単位で売るのです。公式の富突きの時に番号が発表になると、それを瓦版《かわらばん》に印刷して翌日配り、同じ当選番号の者に八倍にして返す仕組みです。一文買って当たれば八文になるわけですが、これは非合法なので、見つかると御用《ごよう》になります。

当選番号を配るときに、「富くじの番号だよ」というとすぐにバレてしまうので、「お話《はなし》だよ」「お話だよ」と触れながら行きます。「ただの瓦版を売っているんだよ」ということで、売り歩くのです。

安く楽しめる陰富は大人気で、最初は長屋の職人衆のお慰みでしたが、ついには武士階級をも巻き込みました。江戸の御三家《ごさんけ》のひとつ、水戸《みと》家で陰富が行なわれましたが、それを聞きつけた茶坊主《ぼうず》の河内山宗春《こうちやまそうしゅん》がゆすったという話が残っています。

おきゃん

現代の【ボーイッシュ・ギャル】

江戸には男勝りの女の子がとても多く、年頃やその性格によって、呼び名が違うのがおもしろいところです。

今の女子中学生くらいの子なら、「おちゃっぴい」。現代では「じゃじゃ馬」という感じです。語源は、「お茶挽《ちゃひ》き」がなまって、「おちゃっぴき」となったという説があります。花街《はなまち》で、指名がなくて最後までお客さんが付かなかった女性を「お茶挽き」といいますが、「暇なら挽き茶（葉茶を抹茶にする作業）でもおし」と店側からいわれたのが発端でした。やがて、「あいつは手こずりそうだからやめておこう」と思わせる男性の手に負えない跳ねっ返り娘を意味するようになるわけですが、かえって、そういう女の子が江戸の街ではもてるのです。

今の女子高生くらいの子なら「おきゃん」と呼びます。侠客《きょうかく》の「侠」の意で、世話好きで勇み肌、片肌脱いで皆の取り持ちをする、何かと頼りになる存在です。「男の子っぽい女の子のほうが、つきあっていて楽しい」と、周りに男たちが集まります。

それ以上の歳《とし》になると、「あだ」――「仇」とも「婀娜」とも書き、色気に加え、意気地と張り、そして危険な香りのある女性をいいます。

彼女たちがよく口にするのが、「六方詞《ろっぽうことば》」。旗本奴《はたもとやっこ》や町奴《まちやっこ》が使う威勢のいい言葉です。最初は、花街の女性が口にしましたが、美しい女性が乱暴な男言葉を使うギャップがうけ、若い女性も真似《まね》をするようになります。そんな女性たちは、ファッションも、男性のような黒っぽい服装が多かったようです。

男勝りで伝法で、手に負えないのが江戸の女。(『百日紅』より)

薬売り

現代の【セールスマン】

有名な富山の薬売《くすりう》りは江戸の頃から全国をブロック分けしてチームを組み、日本国中をセールスして歩いています。

手《て》っ甲《こう》と脚絆《きゃはん》を着け、大きな柳行李《やなぎごうり》を五段重ねて背負って出発します。頭を越える高さの柳行李は入れ子式になっていて、下に行くほど大きくなります。中身が減ったら落とし込み、だんだん低くなるのです。

一番上に入っているのが「懸場帳《かけばちょう》」という顧客リストで、お得意先の家族構成、好みなどが事細かに書き込まれたデータベースです。懸場帳が古くて厚いほど、信用のある商人ということでステイタスになります。懸場帳は親から子へと代々引き継いでいくものです。一段目には他に「矢立《やた》て」という筆記具、日記、そろばんなどが入ります。

二段目には、お客に渡す土産一式——代表的なのは、薬売りだけが持っている、様々な情報が盛り込まれた「売薬版画《ばいやくはんが》」という錦絵《にしきえ》です。俳句《はいく》の好きなおじいさんには芭蕉《ばしよう》の絵をプレゼントし、食べ歩きが好きな人には、「これとこれを食べ合わすとお腹《なか》を壊します」という食べ合わせ集をあげるなど、いろいろ工夫します。農業で忙しい人には、種まきから収穫までいい日を選んだ農事暦をプレゼントします。一番人気があったのが、都での芝居絵や役者絵で「こういったものが都で流行《はや》っている」という情報も満載して、得意先を回るのです。

三段目には、前の年に来て置いていき、飲まなかった古い薬を回収して入れます。四・五段目には、新しい薬が収められています。また五段目の底には、麝香《じやこう》を忍ばせてあります。荷を解くと、部屋いっぱいに麝香のいい香りが広がり「ああ、今年も薬売りが来てくれた」と好感を持たれます。

料金は、「先用後利《せんようこうり》」といって、先に用いて後で利を得る――「使った分だけいただきます」という信用商売です。毎年、同じ地域に同じ薬売りが同じ時期に来るので、家族ぐるみのつきあいになり、悩みごとや相談を持ちかけられたり、一日その家に逗《とう》留《りゆう》したりすることもあります。

代わりに集金する代理人もいましたが、彼らは連判で押した証書の他に、口演で代理人であることを証明します。薬売りは、それぞれ独特の口上《こうじよう》で述べるので、その独自の口上を伝授してもらい、お得意様の前で口演し、間違いなくその人の代理人だということを証明して集金に当たるのです。

越中《えっちゅう》富山の薬が名高くなったのは、元禄《げんろく》三（一六九〇）年の出来事がきっかけだったといわれています。江戸城内で、三春藩主《みはるはんしゅ》の秋田河内守《あきたかわちのかみ》という殿様が、突然の腹痛に襲われ苦しんでおり、そこに居合わせた富山藩の前田正甫《まえだまさとし》という殿様が、自分の常備薬を差し出したのです。「反魂丹《はんごんたん》」という薬だったといわれていますが、それを服用したところたちどころに治り、居合わせた大名たちが国元《くにもと》に帰って「越中富山の薬はすごかったぞ」と口々にいうものだから、全国にその名がとどろきました。

国元を出る時は沢山の旅費を持ち、帰りは集金したお金を持っています。目指すブロックごとに集団で出立し、帰国しますが、実際にお得意様を廻る道中は一人きり――。山間部の狭い道もあって、命がけの旅です。危険な目にも遭いますが、お国のため。一段目に小さな仏像を忍ばせて歩く人も多くいました。

火消し

現代の【消防】

火事と喧嘩《けんか》は江戸の華。火が上がると、駆けつけた火消《ひけ》したちは建物の屋根に上り、纏《まとい》が立ちます。纏の形は組によって違いますが、江戸っ子はそれを全部覚えています。「あっ、『ろ組』が一番乗りだ」「『な組』も来たぞ」と屋根の上を見上げるのです。

燃えさかる炎が、さらに建物を呑《の》み込もうとします。その最前線に纏は立てられ、纏持ちを死なせてはならないと、火消したちは皆頑張ります。纏持ちのところで鎮火しないと、組の名折れになるからです。

纏持ちが纏を立てると、「消《け》し札《ふだ》」という木札が先端についた物干し竿《ざお》をその場所に突き刺します。消し札には組の名前が記してあり、纏持ちが到着した順に、次々消し札が立てられます。鎮火した後にそれを見れば、どの組が一番功労したか、一目瞭《りょう》然《ぜん》で、ご褒美《ほうび》の目印にもなるのです。

「町火消《まちびけ》し」はそれぞれの町にありますが、地元の火消しは最初にたどり着いて当たり前です。二番目に駆けつけてきた組に敬意を表して一歩譲り、二番手が纏を立てます。三番手に来た組にもまた譲ります。次々に駆けつけてきた組に恩義を感じて、最後尾に地元の組が立つ――そんな男気が、習わしになっています。

組の名前は、「いろは」の四十八文字から取っていますが、語呂《ごろ》の悪い「へ」「ら」「ひ」「ん」は除かれています。やはり「へ組」では、力が出ません。その代わり「百」「千」「万」「本」の文字が使われて、四十八組になっています。

纏持ちには、組一番の美男子がなります。組のイメージキャラクターなので、「若い」「背が高い」「美男子」の三条件を満たしていなければなりません。町の中からかっこいい青年をスカウトするなど、各組競って美男確保に駆けずり回ります。纏持ちと梯子《はしご》持ちは、「刺《さ》し子半纏《こばんてん》」を着ます。「刺し子」は布を重ね合わせて細かく刺し縫いしたもので、普通の半纏より頑丈にできています。裏地には縁起を担《かつ》いで、元気の出るような派手な絵模様が描いてあります。消火が終わると、派手な裏地を表にして引き揚げていきます。

纏持ち、梯子持ち、組の頭《かしら》、他に特別に働きのあった者は、頭をすっぽり覆《おお》う「猫《ねこ》頭巾《ずきん》」を被《かぶ》ることができます。それ以外の者は、頭に手拭《てぬぐ》いを巻くだけです。

消火方法は、建物を取り壊して消し止める破壊消火です。風の向きや強さを見て、この三軒先まで壊していこうなどと頭が「見切《みき》り」をします。見切りが発動した瞬間に壊し始めていくので、壊した後、その手前で焼け止まることもよくあります。その時は「相身互《あいみたが》い」ということで、町内で基金が集まって再建されます。「竜吐水《りゅうどすい》」という手押しポンプもありますが、遠くに水を飛ばしますが、火を消し止めるほどの勢いはありません。水で火を消すのではなく、最前線で働く人たちに向けて水を浴びせるのです。水を被って入って行ってもすぐに蒸発してしまうので、常にそれで水をかけます。町火消しの多くは、鳶《とび》や大工が兼業しています。建物の上を身軽に動けないといけませんし、建物を壊す鳶口《とびぐち》を使い慣れていなくてはなりません。建物の構造も知っていなければならないので、そうした職業の者が最適なのです。仕事をしていても、半鐘《はんしょう》がジャーンと鳴れば、商売道具を放り投げて駆けつけます。

町火消しの他に、「定火消《じょうびけ》し」というのもあります。これは幕府直轄《ちょっかつ》の専業の火消しで役人です。火消し屋敷に詰めていて、夜は長い丸太に枕《まくら》を並べ、並んで眠ります。火事が起きた時は、丸太の端をガーンと叩《たた》けば、皆が一斉に飛び起きるのです。

八代将軍・吉宗《よしむね》が大岡越前守《おおおかえちぜんのかみ》に民営の火消しを指導して以降、定火消しよりも町火消しの活躍が目立つようになります。武士の火消ししか着られなかった革羽織《ばおり》を、町火消しの頭が着用することが許されました。防火を町人が主体になって行なうようになったのです。

町の自身番《じしんばん》には火《ひ》の見櫓《みやぐら》があったり、梯子があったりして、防火の拠点になっています。火事を発見したら半鐘を鳴らしますが、危険度によって鳴らしかたが違います。遠くに火が見える時は、間隔を置いて、ジャーン……ジャーンと叩き、かなり近づいて来ていたら、三つずつ、ジャンジャンジャン……ジャンジャンジャンと鳴らします。本当に近くて今すぐ逃げないと危ないとなると、「擦《す》り半《ばん》」といって、つく木を半鐘の中に入れてしまってジャジャンジャジャンと鳴らします。

町のあちこちに、水の入った大きな桶《おけ》が置かれています。これは防火用水で、八代将軍・吉宗の時に、「必ず辻《つじ》々に水を満たした桶を常備しておくように」という御触《おふ》れが出たためです。火が小さければ、小さな桶で水をバケツリレーして消し止めます。横にモップに近い形の火叩き棒が置いてあります。竹竿の先に、縄をほぐしたものがたくさんまとめてあり、これを水に浸して飛び火を叩いて消すわけです。そうやって、町火消しが到着する前に近所の人々が力を合わせて初期消火に当たります。

江戸では、火の用心にとても気を遣っています。町中での歩き煙草《たばこ》は厳禁で、夜間に火を使う営業も禁止です。夜鳴《よな》き蕎麦《そば》などは、火鉢で保温しているお湯を使っていて、火を焚《た》いているわけではありません。風の強い日は、銭湯の営業も停止になります。各家庭でも、「火の時は金銀などに目をかけて大事の命捨てぬ用心」など、火の用心の標語などを壁に貼《は》り、用心に努めています。火事になった時に必ず持ちだしていくものを入れておく「用心籠《ようじんかご》」も各戸にありました。

水上交通

現代の【高速道路】

江戸は水の都です。無数の細かい水路が縦横に走っていて、ものを運ぶにも人が乗るにも船が活躍します。船を使いこなせて初めて一人前の江戸っ子といえるのです。「掘割《ほりわり》」と呼ばれる直線的な水路が江戸開府から盛んに掘られ、その掘った土で江戸湾が埋め立てられてきました。深川《ふかがわ》、新川《しんかわ》、霊岸島《れいがんじま》の一帯は後から造成された土地です。

水の都といえば思い浮かぶのはイタリアのベネチアですが、江戸もベネチアに近いものがあります。「猪牙舟《ちょきぶね》」の船頭《せんどう》は、ベネチアのゴンドラの船頭のように美声の持ち主です。ベネチアに匹敵するくらい、江戸には水路が数多くあります。

「猪牙舟」は、人が一人か二人乗れるくらいの小さな舟です。隅田川《すみだがわ》で一番の高速艇で、船頭は、「粋《いき》でいなせ」なことが定番になっています。これが今のタクシーかハイヤーということになります。

「渡し船《わたしぶね》」は、十数人乗れる乗り合いバスのようなもので、馬も乗れるので重宝です。

定期便になっていて、一日に何往復かします。渡し賃は、川幅によっても違いますし、時代によっても上下しました。だいたい団子《だんご》一本から蕎麦《そば》一杯分くらいの安い料金です。これで商いに出る人も多くいます。

ターミナルとなる「渡《わた》し場《ば》」には、茶店が出てにぎわいます。問屋《とんや》の蔵《くら》なども建ち並び、河岸周辺は経済的に潤《うるお》います。

人やものを運ぶ仕事は、他に駕籠《かご》舁《か》きや馬子《まご》などがありますが、船頭は断トツに格が上です。船を操るのは難しく、川の底には岩が飛び出ていたり、流れの急なところでは逆流して渦を巻いていたりします。川のすべてを熟知していなければならないので、十年以上のキャリアが望まれます。幼少の頃から父について見習いをしなければなれないので、ほとんどが世襲制です。駕籠舁きや馬子なら、二、三日親方《おやかた》に特訓を受けると、すぐに現場に出られます。船頭たちは高収入で、女子たちからも憧《あこが》れられる職業です。

荷物を運ぶ船では、「茶船《ちゃぶね》」があります。平べったい船で、茶の他に、樽《たる》、味噌《みそ》、醬油《しょうゆ》なども積みます。

「荷足船《にたりぶね》」は、荷を上げ下ろしする船で「艀《はしけ》」とも呼ばれます。

こうした小型船が江戸の水路に七千艘《そう》くらい行き交っています。水路はすべてお上《かみ》が管理しているため船はすべて許認可制で、みだりに航行することはできません。それだけ、水上交通は重視されているのです。

隅田川の両岸には、真っ白な蔵が林立していますが、これらはすべて船から荷を陸揚げするためのものです。掘割は蔵の前まで掘り進められるので、蔵は必ず水路に面しています。

遠距離の物流には、もっと大きな船が使われます。「高瀬船《たかせぶね》」というのがあり、これは京都の高瀬川を上り下りする「高瀬舟」とはまったく別物です。京都のはかなり小さい、いわゆる「三十石船《さんじっこくぶね》」で、その倍以上の七、八十石から五百石積める大型船が、高瀬船です。利根川《とねがわ》水系や荒川《あらかわ》水系を行き来して、川越《かわごえ》、佐原《さわら》、銚子《ちょうし》などと江戸を結んでいます。

船員たちは「せいじ」と呼ばれる船室で、交代で休憩したり食事をとります。中では、簡単な調理もできます。平均して四、五人が乗り込み、長い時は二十日間に渡って航行を続けます。

中くらいの高瀬船で二、三百俵《ぴょう》の米が積めます。陸上だと馬一頭に馬子一人がつくことになりますが、二俵の米しか積めませんから、それと比べると、格段の輸送力です。船での輸送が開発されて、やっと百万の江戸人口が潤うようになりました。

海路を通る、もっと大きな船が「千石船《せんごくぶね》」です。海は大きな道路のようなもので、上り下りとも空荷では航行しません。陸路と逆に、江戸に向かう船を「下り」というのは、川の流れに沿って下るためです。国元《くにもと》に帰る船は「上り」といいます。下りの時には、国の地場産物を運んでいき、上りの時は江戸の織物、小間物《こまもの》類、日用雑貨などを持っていきます。

大きな船は、永代橋《えいたいばし》から奥には入れません。沖に錨泊《びょうはく》し、荷足船に積み替えて各蔵の入り口まで運んでいきます。

上方《かみがた》から下ってくる産物が一番多いのですが、その原因は上方文化の繁栄にあります。「上方は文化が栄えているので、ものの質が高い」ということで高値の取り引きがされるのです。米、酒、油、綿、醬油などが下ってきます。

新米・新酒の時期で綿花の収穫も済む、秋口から冬にかけては出荷時期のピークです。隅田川の河口付近は大渋滞に陥ります。

特ににぎやかなのが、新川のあたりに並ぶ酒問屋です。新しい荷が到着する度、そろいの赤い法被《はっぴ》を着た若い衆《しゅ》が、日の丸のついた扇子《せんす》をかざして囃《はや》し立てます。問屋の前では、小売店の人たちが「どのお酒を買おうか」と利《き》き酒するのですが、中には、酔っぱらってしまう人もいます。

一番の人気が「富士見酒《ふじみさけ》」で、富士山を左手に見ながら江戸湊《みなと》に入ってくる新酒をそう呼びます。特に、最初に着いた樽は大変な高値が付きます。一番乗りの船を「番船《ばんぶね》」といいますが、皆それを心待ちにするのです。富士見酒がなぜ美味《おい》しいかというと、樽の杉の香りと新酒が、波でブレンドされるからです。ほどよい香り、マイルドな風味に生まれ変わり、その結果、産地で呑むよりも江戸で呑んだほうがずっと美味しいお酒になるのです。

それを聞いた上方の商人は「それを江戸っ子だけに呑ませているのか」と悔しがりました。そこで考えたのが、「二望岳《にぼうがく》」です。下っていった船が、富士山が見えたところで、Uターンして上方に戻っていく——左手と右手に、二回富士山を見たということで「二望岳」となりました。これは、さらに高値で取り引きされます。

上方から下ってくるお酒は、最盛期で八十万樽近くになり「樽廻船《かいせん》」という酒輸送用の船もできました。江戸の半分が飲酒人口だとしても、一日一人二合《ごう》（三百六十ミリリットル弱）消費していた計算になります。船の物流が無ければ、江戸の生活は成り立たないのです。

かかあ天下

現代の【ウーマンズパワー】

「三行半《みくだりはん》を叩《たた》きつける」というセリフをよく聞きますが、本来、三行半は男が女に叩きつけるものではなく、女が男からもぎ取っていくものです。

文面が三行と半分なので「三行半」というのですが、明確な規定があるわけではなく、三行ちょうどでも四行でも構いません。

内容はいくつかのパターンがありますが、大よそ決まっています。ある三行半を見ると、最初に「そのほう事、我等勝手に付きこの度離縁致し候《そうろう》」とあります。「一身上の都合により」ということで、「あなたに罪はないが当方の勝手な事情によってお暇をあげます」ということです。そして、「しかる上は向後何方《いずかた》へ縁付き候とも差し構へこれ無く候」と続きます。「誰と再婚しようと一切関知しない」という意味で、つまりは再婚許可証なのです。夫の権利ではなく義務で、妻はこれを夫からもぎ取っておかないと、次の男性と縁づけません。

結婚する時、「この人は浮気するかもしれない」などの不安がある時は、「先渡《さきわた》し離《り》縁状《えんじょう》」を書いてもらいます。三行半をあらかじめ預かることを条件に結婚するのです。夫は受取状を、妻からもらいます。

江戸の町は女性の数が少ないこともあって、再婚は難しいことではありません。バツイチは少しも恥ずかしくないのです。お上《かみ》が、「なるべく女性は二度以上結婚しなさい」と奨励しているくらいで、絶対数の多い男性が一度でも結婚を経験できるようにという配慮でしょう。再婚どころか、三度婚、四度婚、六度婚、七度婚も珍しくありません。そんな女性は逆に経験を積んでいて貴重であると見られます。

女性は十三歳から結婚できて、二十歳くらいまでには片づいているのが普通です。二十歳を過ぎると「ちょっと行き遅れたかな」という感じで「年増《としま》」と呼ばれ、二十五歳で「大年増《おおどしま》」、三十歳くらいで「姥桜《うばざくら》」と呼ばれます。

実際に結婚するとなると、年齢などにこだわる男性は少数です。妻が二十歳くらい上だろうが全然抵抗はないし、周りの目にも奇異に映りません。浮世《うきよ》草子《ぞうし》『世間娘《せけんむすめ》気質《かたぎ》』には、十代後半から四十六歳までの間に、二十七回結婚している女性の記録があります。興味深いのは、二十七人の子どもをもうけていることです。結婚する度に律儀《りちぎ》にひとりずつ子どもを作ったのでしょうか。

バツイチが平気なくらいだから、出戻りもＯＫで「辛《つら》いことがあったら、いつでも

長屋暮らしが泰平なのも「かかあ天下」なればこそ。(『風流江戸雀』より)

帰っておいで」と、娘を嫁に出します。実際に、何回帰ってきても、恥ずかしいことではないのです。江戸では出戻りとは呼ばず、「元《もと》帰り」「呼び戻し」と称します。

ただし、そうした自由は庶民の場合で、武家の娘などは、一旦《いったん》またいだ敷居をまたげません。「二夫《にふ》にまみえず」と、かなり厳しく里帰りを禁じられます。

結婚式も、庶民の場合は簡単で、普段着で内々で集まって、大家立会いのもと、長《なが》屋《や》中でどぶろくを回し飲みして、一晩で済ませます。花嫁衣装も特にありません。

もっと簡単なのは、「引越女房《ひっこしにょうぼう》」で、荷物を運び込むように、いつの間にか妻が入ってきます。今で一番近い言葉が同棲《どうせい》です。

江戸には女性が少なかった上、一部の金持ちが複数の女性を独占してしまいますから、長屋に嫁が来るとなると、周りの人々はうらやましくてしょうがありません。夫になる人はそこいら中から水をぶっかけられる――まるで宝くじに当たったような騒ぎです。

届け出もないので、一年おきの「人別調《にんべつしら》べ」（戸籍調査）の時に申し上げればよく、人別調べが終わったばかりなら、三年先ということになります。夫婦関係が三年もたなければ、人別にも載らずに終わってしまいます。

しかし武家同士だと、やはりそうはいきません。家同士の結婚なので、「家格が合っているか」など細かな点をクリアしなければなりません。旗本《はたもと》や大名《だいみょう》なら、将軍様の許可が必要です。庶民のように、惚《ほ》れ合っただけでは結婚できません。不倫も、武家では「不義密通《ふぎみっつう》」は御法度《ごはっと》です。しかし庶民のほうは「バレなければいい」とおおらかで、前の妻と今の妻が、同じ屋根の下にいることもあります。

逆に、妻から三行半をもぎ取られた男性はどうなるのでしょうか。「女房に去られるなどロクでもない」と、結婚不適格者の烙印《らくいん》を押され、嫁の来手はなくなってしまいます。庶民で後添えをもらうというのは、たいへん希有《けう》な例で、よほど腕のいい職人か、たいへんもてる男性ならありうるかもしれない程度です。

江戸ではたいてい、女性が実家から持参金を持って結婚します。夫婦別れをする時は、それを一銭も欠けずに返さなくてはいけません。仲人《なこうど》に払った謝礼も、夫が耳を揃《そろ》えて返します。嫁入りの時に持ってきた家財道具も、一つも欠かさず持って行かさなくてはなりません。「去る時は九十両《りょう》では済まぬなり」という言葉が残っていますが、離婚する時、男性がいかに大変かということです。

そんな事情もあり、たいがいの夫は、妻を大事にします。絵草紙《えぞうし》の一場面に、妻がゴロッと寝ていて、夫が釜《かま》の底を磨いている図が描かれていますが、妻が働いている共稼ぎが、庶民層ではほとんどです。この妻も、怠けているわけではありません。仕事で疲れた体を休めているのでしょう。夫のほうは、きちんと前垂《まえだ》れをして、かいがいしく働いています。ニコニコしていて、嫌そうではありません。長屋では、当たり前の風景です。

式亭三馬《しきていさんば》の『浮世床《うきよどこ》』には、どてらを着て懐《ふところ》に赤ん坊を入れてあやしている男性が出てきますが、その様子は、とても手慣れた感じです。江戸では少しも恥ずかしいことではありません。

家事育児は、手の空いた方がするのが当たり前で、江戸では、男性に付加価値がないと妻をもらえません。料理が上手、マッサージが上手など、何か一芸に秀《ひい》でていないといけないのです。

江戸の職業では、男女の区別はあまり無く、江戸初期には、女性の大工もいたくらいです。逆に、女性の仕事と思われるような、仕立《した》て屋《や》・髪結《かみゆ》いなどにも男性がいます。

女性にしかできない仕事といえば、産婆《さんば》でしょう。とても大切にされた職業で、産婆に限っては、大名行列《だいみようぎようれつ》の先を横切ることを許されています。

妻たちは、才覚を働かせてアイディアビジネスも行なっています。野菜の切れ端などを使って漬け物を作ったり、布の切れ端を使って巾着《きんちゃく》などの小間物《こまもの》を作ったりしま

湯あがりのどてらに抱いて子をあやす亭主。(『江戸アルキ帳』より)

す。仕入れにお金をかけず、サービスと愛嬌《あいきょう》で売ってしまうのです。妻のほうが収入の多い家も珍しくありません。アルバイト的に洗濯や家事の代行業をするなどしても、単身赴任者が多い江戸では女性が一生働き口に困ることはありません。

上流階級に行くほど、女性は「家」という制度に押し込められた存在になってしまいますが、家や財産、土地といった縛るもののない庶民は、自由な夫婦関係です。男女が平等で、共によきパートナーとなっています。

女性が結婚したいと思うのは、おもしろくて家を明るくしてくれる男性で、収入はあまり関係ありません。自信のない男性は、駄洒落《だじゃれ》をいくつか習ってから嫁をもらいます。

浮気ぐせがひどい、博打《ばくち》ばかりやっている、酒ぐせが悪い、働かない――そんな夫から妻は、三行半をもぎ取ろうとしますが、それには様々な方法があります。

最初に試みるのが、わざと女性が家事を怠ける、浪費するなどして、三行半をうながす手です。それでも駄目な場合は、夫からもらった櫛《くし》を投げて返します。櫛は女性の貞節の象徴なので、それを投げ返すのは「お前さんなんかもう見限ったよ」という意味なのです。鈍感な夫でも、これをやられれば気がつきます。それでも駄目なら、髪の先を切って夫に投げつけます。普通はそれでおしまいです。切り髪のまま、奥さんを家に置いておくわけにはいかないので、三行半を書かざるをえません。

板橋《いたばし》に「縁切り榎《えんきえのき》」というものがあり、ここに縁切りの願をかけに行くのも、一つの方法です。その榎の木の皮を剥《は》いできて、亭主に飲ませると別れやすいといわれています。いつも女性が来て皮を剥いでいくので、皮が再生する暇がなく、ほとんど丸裸になっています。お茶に、榎の皮がうっすらと浮かんでいたら、亭主は気がつかなければいけません。

それでも三行半を書いてもらえない時は、関所《せきしょ》、代官所《だいかんしょ》、武家屋敷《ぶけやしき》に駆け込んで離婚を願い出ます。

最後の最後の手段が、「駆《か》け込《こ》み寺」とも呼ばれる縁切り寺に行くことで、鎌倉松《かまくらまつ》ケ岡《がおか》の東慶寺《とうけいじ》、上州《じょうしゅう》世良田村《せらたむら》の満徳寺《まんとくじ》の二つがあります。

東慶寺は江戸から十三里《り》（五十キロ強）なので、女性の足なら二日半で行けます（満徳寺は二十一里）。東慶寺は髪を切らなくてよく、二年間いると自然離婚が成立しますが、満徳寺はきちんと剃髪《ていはつ》して、三年間いなければならないので、東慶寺の方が人気があります。

しかし、東慶寺での生活も楽ではありません。入る時には五両《りょう》以上の「冥加金《みょうがきん》」が必要で、その額によって、三段階のランク付けがされます。一番上の格が「上臈《じょうろう》衆《しゅう》」で、三十両くらいかかります。二番目が「お茶の間《ちゃま》」、一番下が「御端《おはした》」で、これはお金がなくても入れますが、厳しい仕事が待っています。逃亡を企てる女性もいますが、たちまち捕まってしまいますし、それが度重なると、寺法に違反したということで、丸坊主丸裸にされ、門の外に突き出されてしまいます。

ですから、寺に駆け込むのは、身投げをする代わり、つまり「死ぬよりまだまし」という、最後の最後の方法です。「亭主が暴力的で、このままだと身の危険を感じる」といった場合の手段なのです。

駆け込み寺に入る時、もし後ろから亭主が追いかけてきていたら、草履でも簪《かんざし》でも、自分の身につけているものを、門の中に投げ込みます。それが入ればセーフです。女性は保護され、亭主が勝手に中に入ることはできません。

駆け込み寺には、今の家庭裁判所のような機能もあります。二人並べて事情を聞いて説得し、その結果、仲直りして二人で門を出てくることもあります。中で別れることが決まった場合は、男性が三行半を書いて離縁が成立します。男性が三行半を拒否した場合に、女性はお寺に入ることになります。

二人の話を聞いただけではわからない場合は、仲人や実家の親たち、時には大家さんにまで呼び出し状が行きます。裁定には、一カ月くらいかかることもあります。そんな時には寺の門前にそれ専門の宿屋があり、そこに泊まることになります。その費用は、当事者が全部支払うので、莫大《ばくだい》な出費になってしまいます。このような面倒な手続きを逃れるために、婚姻の条件として「三行半の先渡し」という方法が、後々増えていくことになるのです。

杉浦日向子の江戸こぼれ話　参

　私が、今の東京のどこに「江戸」を感じるかといえば、江戸城や泉岳寺《せんがくじ》、浅草寺《せんそうじ》ではありません。むしろ渋谷駅前のスクランブル交差点のような、いろいろなものが混ざった空間に「江戸」を感じます。来るもの拒まず、何でもＯＫ――江戸はさまざまな言語が飛び交っている、国際都市のような存在です。

　江戸っ子は、お国なまりを笑いません。古くから江戸にいた人は全体の五パーセントほどです。隣に住むのが薩摩《さつま》の人で、その隣は津軽《つがる》の人といった町ですから、言葉が違うのは当たり前です。言葉がわからない同士なので、ボディランゲージで意思疎《そ》通《つう》を図っています。

　江戸は、最大の消費都市です。人々はその経済力の大きさに惹《ひ》かれて集まります。他の地域で武士は人口の一割ほどですが、江戸では人口の半分が武士です。武士はものを生産しない人々なので、つまり、半分が消費人口といえます。

「宵越《よいご》しの銭はもたねえ！」が江戸っ子気質《かたぎ》だといいますが、そもそも江戸が貯蓄をしなくとも仕事に困らない町なのです。頭を働かせればいつでもベンチャービジネスが始められますし、どんな小さな思い付きでも商売につながります。

また、江戸はチップ制の町です。人に道を聞いたり、玄関先で履物を揃《そろ》えてもらったりしただけでも、一、二文《もん》のお金を払います。道行く人を笑わせてもお金をもらえますし、即席の大道芸人になって、パフォーマンスでお金をもらうこともできます。何か人に役立つことをすれば、その日は食べられるのです。ですから、ただお金を恵んでもらうだけの人はいませんし、のたれ死にする人もいませんでした。

それだけエネルギッシュな江戸の町は、当然多くの人々を引き付け、「人返《ひとがえ》し令」が出るほど人口が集中しました。最初は四〇万ほどだった人口が、約一三〇万人まで増加します。これは、パリ、ロンドンを遥《はる》かにしのぎ、世界一でした。

第四章　これぞ、「お江戸」でござる

お化け・幽霊

江戸の中期以降に流行したのが「百物語怪談会《ひやくものがたりかいだんかい》」です。夜、大人たちが集まり、ひとり四、五話ずつ怖い話をします。暗い部屋の真ん中に、油皿に明かりを灯した灯心を百本、放射状に並べます。一話終わるごとに、一本ずつ引き抜いていくと、少しずつ暗くなり、そして丑三《うしみ》つ時《どき》（深夜二時頃）に、ちょうど百話目が終わります。最後の一本を抜いたとたんに、四方八方から物の怪《もののけ》がワッと現れる――物の怪見たさに行なわれる怪談会ですが、たいていは九十九話で寸止めします。百話してしまうと、後日何か不幸があった時、「あの時百話までやってしまったからではないか」と後悔するのを恐れたのです。

実は、「お化《ば》け」と「幽霊《ゆうれい》」には、きちんとした区別があります。「幽霊」は、想《おも》う相手がいて、その人を目指して出ます。民谷伊右衛門《たみやいえもん》をどこまでも追って行く、『四谷怪談《よつやかいだん》』の「お岩《いわ》さん」はこちらです。

「お化け」は、その土地や物に憑《つ》くもので、地縛霊に近く、誰が通っても出るものです。井戸にしか出てこられない『皿屋敷伝説《さらやしきでんせつ》』の「お菊《きく》さん」はこれにあたります。出てくる時間まで決まっているお化けもいて、その時間さえ避ければ会わなくて済みます。

狸《たぬき》や狐《きつね》、雀《すずめ》などの獣類、草木が化けるということもあります。琴、琵琶《びわ》、笙《しょう》、お釜《かま》など、楽器や道具も古くなると化けて出ますが、これは「道具を粗末にしてはいけない」という戒めでもあります。

お化けには、変化するものとしないものがあります。狐、狸、雪女、ろくろ首が普段人や獣のなりをしていて他のものに変わるのに対して、河童《かっぱ》、天狗《てんぐ》、ぬらりひょん、砂かけばばあなどは、常に同じ格好で出てきます。これらをお化けと区別して「妖怪《ようかい》」と呼びます。

江戸の町には、身近にお化けがいます。「小豆《あずき》とぎ」は、夜中に「ジャジャジャジャ」と小豆をとぐ音がするだけで、何も悪さをすることはありません。「お米もといでくれればいいのに」と思うところですが、そうもいかないようです。

お風呂場《ふろば》を汚くしておくと出てくるのが、「垢舐《あかな》め」で、桶《おけ》についた垢を舐めに出てきます。これは「お風呂をきれいにしておかないとお化けが出てくる」という戒めでしょう。

座敷いっぱいに肥《ふと》った女の人が寝ているのが「寝肥《ねぶと》り」です。「怠けているとそうなってしまう」ということです。

掘割《ほりわり》が多い本所《ほんじょ》には「置行堀《おいてけぼり》」がありますが、どこかは特定されていないので、どこの堀に釣り糸を垂れていても置行堀になる可能性があります。あまりにも次々と魚が掛かるので、おもしろくなって夜暗くなるまで釣っていると、「置いてけー、置いてけー」と堀の主の声が聞こえてきます。置いていけばいいけれども、置いていかないと後でひどい目にあったり、釣ったはずの魚がなくなっていたりする——「あまり調子に乗って釣ってはいけない」ということと、釣り人が水難に遭うのを防ぐ戒めでもあります。真っ暗になると、ぬかるみに足を取られて、溺《おぼ》れてしまうこともあるからです。

置行堀が、「本所の七不思議《ななふしぎ》」の筆頭です。他に「片葉の芦《かたはのあし》」「狸囃子《たぬきばやし》」「落葉《おちば》なき椎《しい》」「送り提灯《おくりぢょうちん》」「津軽家《つがるけ》の太鼓《たいこ》」「無灯《むとう》そば」などがあります。

「送り提灯」は、「家に帰ろうとして夜道を急いでいると、前方でチラチラと提灯が点《つ》いたり消えたりしている。持っているのは美女」という嬉《うれ》しい話です。でも、上半身が闇《やみ》の中に消えているといいますから、美女か否《いな》かは定かではありません。

「片葉の芦」は、片側にしか葉っぱの生えていない芦が実際にあったそうです。「落

江戸名物(?)「足洗い屋敷」。(『とんでもねえ野郎』より)

葉なき椎」は、椎の木の大きいのがあるがいつも落ち葉がない、という話です。このように、他愛《たわい》のないものもあります。

他に「足洗《あしあら》い屋敷《やしき》」というのもあります。夜中に天井から、泥だらけの大きな足がニュッと出てきます。洗ってあげると、おとなしくスッと消えますが、ほったらかしにすると暴れまくって手に負えなくなってしまいます。

本所をはじめ、麻布《あざぶ》や吉原《よしわら》など、江戸から若干郊外にあたる新興住宅地に、妖怪変《へん》化《げ》はよく出ます。都市化が進んで江戸の人口が増えてきて、盛んに行なわれた宅地造成は周辺の自然破壊の原因となりました。そうしたところに住んでいた狸や狐が、住《すみ》処《か》を奪われエサが少なくなり、人里に降りてくるようになる――そうした中で、妖怪変化が頻繁に物語に出てくるようになったのです。

不思議が大好きな江戸っ子ですが、その頂点を極めたのが、国学者の平田《ひらた》篤胤《あつたね》です。人々の話を聞き集めては、記録を取りました。

その中に、平太郎《へいたろう》という、ものに怖《お》じない少年の話があります。何日間もいろいろな物の怪に襲われるのだけれども、それを恐れずに「へん、なんだこんなもの」といっているうちに、妖怪のほうが参ってしまう――実はその妖怪の親玉が彼の守護神だったのです。

神も物の怪も人間も同じ世界に共生しているという発想が篤胤にはあります。彼は「気吹之舎《いぶきのや》」という私塾を下町に開いて、人々に異界の話をしました。私塾の門弟は五百五十三人、来訪した人々は三千人を超すほどのにぎわいです。それが幕府の耳に入り、「そんなでたらめなことばかりいっていないで、まじめに国学《こくがく》に精進しなさい」と再三忠告を受けています。

エンターテイメントとしての怪談は江戸以前からありましたが、江戸の前期くらいまでは、ほとんど幽霊は男です。武将同士の戦いで破れ、子々孫々までたたるという猛々《たけだけ》しい幽霊。男同士の諍《いさか》いで喧嘩《けんか》して死んだ場合も、「お前たちの子分を全員殺してやる」といった、凶暴な幽霊が主役でした。それが、世の中が平和になった江戸中期以降、「きれいな女性が化けて出てくるほうが、もっと怖い」と思われるようになったのです。

これを流行《はや》らせたのが、落語《らくご》の初代・林屋正蔵《はやしやしょうぞう》です。怖がらせるというよりは、ユーモアがあって楽しませる要素が強く、火の玉が飛ぶなど、大道具でいろいろな仕掛けもありました。前座の人が幽霊の姿で暗い客席の後ろから突然出てきて、客を脅かしたりもしました。

さらに時代が下って、歌舞伎《かぶき》で怪談が流行ります。

中村座《なかむらざ》で『東海道四谷怪談《とうかいどうよつやかいだん》』が初演されたのは、文政《ぶんせい》八（一八二五）年七月二十六日で、お岩さんと小仏小平《こぼとけこへい》と与茂七《よもしち》の一人三役を演じたのが当代きっての人気役者、三代目・尾上菊五郎《おのえきくごろう》です。これが当たり役となって「幽霊役者」と異名を取るほど、彼の演じるお岩さんは観客を怖がらせました。そして、民谷伊右衛門を演じたのが、七代目・市川団十郎《いちかわだんじゅうろう》です。花のある二枚目が残虐《ざんぎゃく》なことをする「色悪《いろあく》」という新たなジャンルを築き上げました。二大看板役者のスーパーコンビで、大当たりを取りました。

『四谷怪談』は、『仮名手本忠臣蔵《かなでほんちゅうしんぐら》』の裏話です。ゆえに「裏忠臣蔵」とも呼ばれています。『忠臣蔵』は、赤穂浪士《あこうろうし》たちが主君・塩冶判官《えんやはんがん》の仇討《かたきう》ちに命をかける忠義の物語。『四谷怪談』ではその逆です。塩冶判官の家来だった浪人・民谷伊右衛門は、公金を着服するなど悪いことを繰り返し、自分の欲望のためにすべてを殺してしまいます。悪役のヒーローです。

初演では『仮名手本忠臣蔵』と『東海道四谷怪談』を、二日に渡ってカップリングで興行しました。一日目は、『忠臣蔵』の前半と『四谷怪談』の前半。二日目は『四谷怪談』から始まって、『忠臣蔵』の後半を演じ、『四谷怪談』の締めのラストシーンと、吉良上野介《きらこうずけのすけ》の首を取る『忠臣蔵』のクライマックスになります。二日間見ないと両方の芝居がわからない仕組みになっていました。どちらも赤穂浪士や吉良家にゆかりのある設定で、両方の光と影を見ることによって、陰影の濃い奥深いドラマになっています。「世の中には正義のヒーローだけではなく、悪のヒーローもいるのだ」ということを、観客は見せつけられるのです。

『忠臣蔵』は当時から「時代物《じだいもの》」として名作でしたが、『四谷怪談』は時事ネタを取り込んだ「生世話物《きぜわもの》」です。時代物は大がかりなセリフ回しですが、こちらは今起こっていることを今の言葉で伝えています。この文化・文政期は、世の中に退廃的なムードが漂っていました。親殺し・子殺しなどの陰惨な事件も多く、スキャンダラスな事件や、世間をアッといわせたような殺人事件など、陰惨なものをいち早く取り入れて、リアリティある手法で描きます。当時の人々の生々しい欲望を浮き彫りにしたのです。

「戸《と》板返《いたがえ》し」「提灯抜《ちょうちんぬ》け」「仏壇返《ぶつだんがえ》し」など、スペクタクルな仕掛けもなされています。一人二役のお岩さんと小仏小平が、横に裏返る戸板で瞬間的に入れ替わる「戸板返し」、提灯が燃え尽きた後、パカッと開いてスーッとお岩さんが出てくる「提灯抜け」――その他、抱いていた赤ちゃんが急にお地蔵さんになるなど、観《み》ている者がびっくりするようなハイテクな仕掛けがなされています。

それまでは、血が流れているのを赤い布で表現していたのが、実際に血が流れているように見せるために血糊《ちのり》が舞台で初めて使われます。中村座の櫓《やぐら》からは大凧《おおだこ》が揚がり、振り袖《そで》をくわえた女の生首のフィギュアがくくりつけられていました。今でいう、アドバルーンです。

登場する地名は、浅草《あさくさ》、砂村隠亡堀《すなむらおんぼうぼり》、深川三角屋敷《ふかがわさんかくやしき》など、これから流行ってきそうな、ちょっと危険な匂《にお》いのするニュースポットです。芝居を観ると当時の世相が手に取るように分かります。ワイドショー的な要素も含んでいました。

この頃は庶民生活も豊かになり、文化の爛熟期《らんじゆくき》に入っていました。より強い刺激を求める庶民に『四谷怪談』は受け入れられます。一カ月の公演の間、客足が絶えませんでした。

作者の鶴屋南北《つるやなんぼく》は、狂言《きようげん》作者の第一人者です。『四谷怪談』は七十歳を過ぎてからの作品で、「生世話物」というスクープネタもののジャンルを完成させました。

鶴屋南北は、画期的な手法を駆使するプロデューサーとしても敏腕でした。『四谷怪談』には、十二人の作者がいます。浮世絵《うきよえ》と同様、プロジェクトチームで作られるのです。制作総指揮が鶴屋南北で、大筋を書き、二枚目・三枚目の作者が、それぞれの場面を振り分けられて書いていきます。四枚目・五枚目の作者は役者のプロンプターをしたり、清書をしたりします。

夏場には歌舞伎の客足が遠のきます。ここで毛色の変わったもので盛り返そうと、大胆な怪談話を仕掛けたのです。口コミを利用して、「ちゃんと最後まで見ないと家にまでお岩さんが来る」と宣伝するなど、細かいところまで計算が行き届いていました。

ちなみに、ひじを曲げて両手を前に垂らし、白装束、三角の白い布をつけ、脚がないという幽霊の型が決まったのは江戸末期で、幽霊の脚がなくなったのは、画家の円山応挙《まるやまおうきょ》が、腰から下がスゥーッと消えた幽霊の絵を描いてからです。元禄《げんろく》時代には、ちゃんと両脚がありました。『牡丹燈籠《ぼたんどうろう》』のお露《つゆ》さんは中国生まれの幽霊なので、下駄をカランコロンと鳴らして出てくるなど、自由な形で出てきています。

怪談が喜ばれたのは、生活が豊かになり庶民に心のゆとりができたからでしょう。江戸の後期には怪談の芝居もたくさん演じられるようになり、化《ば》け物屋敷《ものやしき》もできました。「生人形《いきにんぎょう》」といって本物そっくりの血みどろの人形を飾るなど、エンターテイメントとしてのお化けの興行も多く行なわれました。

お地蔵さん

江戸ではよく、お地蔵《じぞう》さんが男の子の姿で現れます。

客が少なく、立ち行かなくなった蕎麦屋《そばや》が、道ばたのお地蔵さんに売りものの蕎麦を供《そな》えました。次の日に、小僧さんがお蕎麦を食べに来てくれて、それから不思議と客が増えて商売繁盛《はんじょう》になります。けれども、小僧さんがいつも支払っていく銭が、すべて古銭なのです。「何か変だな。ひょっとすると……」と思って、いつぞやのお地蔵さんのところに行きます。見ると、お地蔵さんの口のところに蕎麦の食べかすがついていた――これが「蕎麦食い地蔵」です。蕎麦屋に渡した古銭は、お賽銭《さいせん》を取っておいたものでしょう。

お婆《ばあ》さんがひとり、大きな田んぼを植えきれないで困っていると、男の子が手伝いに来てくれて、無事に植え終わりました。後で見てみると、村の入口のお地蔵さんの裾《すそ》が、泥まみれになっていた――これは「田植え地蔵」です。

お地蔵さんは、死者を裁く閻魔《えんま》様の本身です。「地蔵菩薩《ぼさつ》」ともいわれますが、菩薩であり閻魔様でもあり、地獄と極楽をつなぐ存在です。慈悲心でもって地獄に堕《お》ちた人を裁きます。閻魔様の裁きは、「これ以上公正なものはない」とされていました。

今も「お婆ちゃんの原宿《はらじゅく》」といわれてにぎわう巣鴨《すがも》・真性寺《しんしょうじ》の「とげ抜き地蔵」は、江戸時代にも参詣《さんけい》客が絶えませんでした。実際のとげ以外にも、体に災いする痛みや心の悩み等何もかもを抜き去ってくれると、厚い信仰を集めていました。

他にも、頭痛、腰痛、眼病、耳など、体の部分部分でお地蔵さんの担当が違います。

お地蔵さんは、町と村の境界、街道の入り口などに立っていることが多いのですが、それはお地蔵さんが悪いものから町や村を守ると共に、旅人の道中を守るからです。「道祖神《どうそじん》」も、道中によく見かけます。文字だけのものもありますが、男女が仲よく手をつないでいる、かわいらしいものもあります。男女の陰陽和合のパワーで、すべての悪い魔物を退治するのです。

「馬頭観音《ばとうかんのん》」も、馬や牛などの家畜を疫病《えきびょう》から守るとともに、旅の安全を守ります。

それらの石仏は、江戸になって急速に増えます。それまでの信仰の対象といえば、権力者がりっぱなお堂《どう》を建てて中に金色《こんじき》の仏様を奉《たてまつ》ったものばかりでしたが、庶民の時代になり、庶民の手によって彫られた石仏が路傍に立ち、信仰の対象になったのです。

お地蔵さんは特に、「人間に近い仏様」ということで親近感がありました。よだれかけを掛けたり、ちゃんちゃんこを着せたり、冬になると蓑笠《みのかさ》を雪よけにかぶせたりします。

親元から離れて、江戸に奉公《ほうこう》に出ている子どももたくさんいます。自分の子どもがお腹《なか》をすかせないようにと、親は子どもの健康を祈って、お地蔵さんにお供えをします。

お供えは、災難に遭ってしまった旅人を救う救難食にもなります。我慢して行き倒れになってしまうより、力をつけて道中を無事に行ったほうがいいと考えられていて、どうしてもひもじい時には、お地蔵さんへのお供えを取って食べても、誰からも咎《とが》められませんでした。

狸・狐

うかうかしていると、狸《たぬき》や狐《きつね》に化かされてしまうので、江戸の人々は油断ができません。

若い衆《しゅ》が川端を歩いていると、「兄さんたちもいらっしゃいよ」と誘いの声がかかります。見ると舟の上には、親父《おやじ》さんと若い娘さん。舟に招かれて、差しつ差されつしていると、突然その舟が狸の八畳敷《はちじょうじ》きに変わってしまいます。狸はけっこう、舟遊《ふなあそ》びが好きなのです。

狐がシビアな化かし方をするのに対して、狸はユーモラスな化かし方をします。『分福茶釜《ぶんぶくちゃがま》』『かちかち山』などで、狸は人を化かすなど悪いことをしますが、おしまいには本性を現して、やりこめられてしまいます。

「本所《ほんじょ》の七不思議《ななふしぎ》」のひとつに、「狸囃子《たぬきばやし》」があります。満月の夜に狸たちが輪になって、ポンポコポンポコとお囃子で打ち興じます。どこからともなく祭り囃子の音が聞こえてきて、歩いている人は、「もう秋祭りも終わったのに、どこでお祭りしているのだろう」と不思議がり、うろうろと探しているうちに、夜が明けてしまいます。

狸はひょうきん者で、怨《うら》んで化かすのではなく、ビックリさせる愉快犯です。でも、度が過ぎて簡単に人を殺してしまう困った場合もあります。狐は執念深く仇《あだ》をなすので、用心しないといけません。

狐が気持ちよく昼寝しているのを旅人が見て、遊び心で小石を投げて狐に当たってしまったとします。夕方にその狐はきれいな女性に化けて、まんまと旅人の財布をすってしまったり、わざと誘われて、さんざん飲み食いした後で逃げてしまったりします。

復讐《ふくしゅう》するのが狐で、狸はただの愉快犯——ただし狐は、仇をしなかった人には悪さをしません。一方、狸は辺り構わず悪さをします。でも、狸は、恩返しをする情の濃い動物でもあります。

童謡の『証 城寺《しょうじょうじ》の狸囃子《ばやし》』にもあるように、狸と寺は縁が深く、年老いた古狸になると人語を理解し、和尚《おしょう》さんと禅問答《ぜんもんどう》をします。「たぬき」は「他を抜く」というところから、「狸を信仰すると人より先に偉くなれる」という出世信仰につながりました。神田《かんだ》の柳森《やなぎもり》神社には、「お狸さん」があり、今も信仰を集めています。

狸のほうが化け上手で「狐七化け狸八化け」といいます。大入道《おおにゅうどう》や一《ひと》つ目小僧《めこぞう》、サ

狐も狸も人間も一緒に暮らしていたのがお江戸。(『昨夜の首尾』より)

イコロに化ける「狸賽《たぬさい》」など、狸の化けのほうがバラエティ豊かです。でも、すぐにばれてしまうのも、狸です。狐は徹底的に化かして、なかなか尻尾《しっぽ》をあらわしません。

化ける狐の頂点に立つのが「金毛九尾の狐」で、金色のふさふさした毛をした尾が九本あります。「玉藻前《たまものまえ》」という絶世の美女に化け、鳥羽天皇《とばてんのう》を虜《とりこ》にして亡国を狙《ねら》ったといわれています。

狐に逢《あ》った時は、眉毛《まゆげ》の本数を読まれると化かされるので、急いで眉毛を隠したり、眉に唾《つば》をつけたりして本数を読ませないようにします。狐や狸の天敵は犬なので、犬の毛を懐《ふところ》に入れておくのも効果的です。

狸がよく出没するのは、隅田川《すみだがわ》を越えた本所の辺りや、四谷《よつや》・新宿《しんじゅく》周辺です。麻布《あざぶ》の辺りにも多く出没します。それで今でも、「狸穴坂《まみあな》」「狸穴町」という地名が残っているのです。相当な竹林で、道に迷って狸に化かされる人がよく出ました。狐が出るのは赤坂《あかさか》周辺で、豊川稲荷《とよかわいなり》があるのはそのためです。赤坂の辺りは、よく追《お》い剝《は》ぎが出るくらい鬱蒼《うっそう》としていました。

狐狸妖怪《こりようかい》の話は、都会と郊外の境目に現れました。狸や狐は江戸庶民に親しまれた野生の動物です。江戸で人口がどんどん増えてくると、森林を伐採しながら町が拡大していきます。もともとの先住者である狸や狐の住処《すみか》に人が入り込んでいったわけです。「こんなことをしてしまっていいのか」という反省と、自然界に対する畏《おそ》れから、環境破壊に対する警鐘を打ち鳴らす役割もありました。

王子《おうじ》も狐のメッカで、千年の歴史を誇る「王子《おうじ》稲荷《いなり》」は、関東の稲荷の総元締めです。「お稲荷さんのお使い姫であるから」と、狐が守られています。実際に王子には狐がいっぱいいいました。

歌川広重《うたがわひろしげ》の『名所江戸百景《めいしょえどひやっけい》』に「王子装束《しょうぞく》ゑの木大晦日《おおみそか》の狐火《きつねび》」という絵があります。毎年大晦日に、王子の装束榎《えのき》に関八州の狐が大集合します。榎を順番に飛び越し、高く飛んだ者ほど高い官位をもらえるのです。常日頃の鍛錬をこの日にかけ、ランクを競います。官位を得た狐から順番に、装束に着替え、官女《かんにょ》の姿になります。絵の奥の方を見ると、すでに着替えた狐がぞろぞろと、王子稲荷に参詣《さんけい》しようと列を作っています。榎の根元の狐は、それぞれ細く狐火を出していて、これは口に横ぐわえにした骨から出ています。青い火がチロチロと揺らめいています。

江戸っ子たちは、「狐火見」といって、夜ゴザを敷いて、お酒を飲みながら狐火が出るのを待ちました。凍えるような寒い日ほど見られる確率が高いといわれました。江戸っ子らしい、酔狂な遊びです。

食べものの「お稲荷さん」ですが、関東では、お揚げの中に寿司《すし》飯《めし》を詰め、米俵の形にします。お稲荷さんは、「稲」を「荷なう」と書く田の神様で、米俵と田の神様の関わりが深いということで、お稲荷さんと呼ぶのです。上方《かみがた》では三角の形に作るのですが、これは、狐の耳をかたどっているので、お稲荷さんと呼びます。

狐は信仰の対象にもなりました。花街《はなまち》で、あるいは芸事をしている者に特に信仰されています。「芸事を上達させてくれる」「心や体の痛みを取り除いてくれる」「知恵を授けてくれる」など、いろいろな御利益《ごりやく》があります。お稲荷さんは数少ない契約神で、願いが叶《かな》った時の報酬を約することで成立する関係を持ちます。合理的でドライな都市型信仰といえるでしょう。

神仏のうちで「お」と「さん」がつくのは、「お地蔵さん」と「お稲荷さん」だけです。このふたつが、一番庶民に近しい神様仏様です。

虫

江戸の風流人たちは、秋になると「虫聞《むしき》き」を催します。歌川広重《うたがわひろしげ》の「道灌山虫聞之図《どうかんやまむしききのず》」にその様子が描かれています。道灌山は、今の西日暮里《にしにっぽり》の駅前の辺りで高台があり、月見と虫聞きに最適の場所です。人々が敷物を敷いて、酒と肴《さかな》をたしなんでいます。また、一句ひねったりもします。道灌山は松虫の名所で、飛鳥山《あすかやま》は鈴虫の名所です。場所によって鳴く虫も違うし、蛍の色も場所によって違います。

日本人は、ずっと虫に親しんできました。日本家屋は隙間《すきま》も多く開口部が大きいので、常に屋内に虫が入ってきてしまうため、自然と、虫と共存していく暮らしぶりになります。小さな虫を殺したりせず、手のひらに載せて眺めたり、つまんでポイと外に出してあげます。

江戸中期以降、江戸が都市化してくると、なかなか虫の音も聞けなくなってきて、「郊外に足を延ばすのはおっくう」という人や、「いつも虫の音を聞いていたい」という人は、虫売りから虫を買います。天秤棒《てんびんぼう》の両端に下がる屋台は派手な市松模様《いちまつもよう》で、舟の形をしている虫かごなど、風流です。
虫売りは、中野《なかの》や武蔵野《むさしの》の辺りからやってきます。養殖で人工孵化《ふか》させた虫を六月の半ばくらいから、八月のお盆まで売り歩くのです。残った虫は、お盆の時に「放生会《ほうじようえ》」といって、「命を解き放つ施行《せぎよう》により後生《ごしよう》を願う」という取り引きの意を込めて野に返してしまいます。

虫売りで一番人気は蛍です。また、この頃の「きりぎりす」とはコオロギのことで、キリギリスは「機織《はたおり》」と呼ばれていました。蛍の次の人気がコオロギで、鈴虫、松虫が売れました。甲虫《かぶとむし》や鍬形《くわがた》は鳴かないので売られませんでした。鳴く虫と蛍以外に売れたのは「玉虫《たまむし》」で、箪笥《たんす》のお守りとして女性に人気がありました。「玉虫を箪笥に入れておくと、衣装に不自由しない」といわれていたのです。

円山応挙《まるやまおうきよ》の著した『昆虫写生冊《こんちゆうしやせいさつ》』や当代の浮世絵師《うきよえし》・歌麿《うたまろ》が描いた『画本虫撰《えほんむしえらみ》』など、虫の図鑑もいろいろ出て、大名から庶民まで人気を集めました。江戸城中では、虫や鳥や博物学の交歓会が行なわれています。大名自らが書き写して楽しみました。

河童

江戸時代は、全国各地に河童《かっぱ》がいて、大名から学者に至るまで、実在を認めていました。

河童にも、いろいろな形のものがいます。四足歩行のものは、イタチとスッポンを合体させたような形で、二足歩行のものは、毛の生えているもの、表面がヌルヌルした鰻《うなぎ》の肌のようなものと二種類あります。色は、青黒いものと、褐色のものがいます。共通しているのは、頭にお皿があってくぼんでいる点です。常にお皿に水がないと弱ってしまいます。手が長くて膝《ひざ》の下まであり、髪は赤毛で、ざんばら髪になっています。口が犬のように尖《とが》っていて、亀《かめ》のようにギザギザの細かい歯が並んでいます。足には水搔《みずか》きがあります。

河童は、子どもや牛や馬を川の中に引き込んでいたずらするので、子どもが引き込まれないように、頭に中剃《なかぞ》りをして仲間だと思わせます。河童に似せたことから、「お河童頭」というようになりました。

河童の大好物は、キュウリ、ナス、うどんです。泳ぎももちろん得意ですが、スポーツで好きなのは相撲《すもう》で、誰彼かまわず挑みます。苦手なのは金物で、金物さえ持っていれば、河童は近づいてきません。

また、河童は子どもや女性のお尻《しり》が大好きです。夏が過ぎて誰も川に遊びに来なくなると、厠《かわや》まで来て、くみ取り口から手を伸ばしてお尻を触ります。その時は、その手を切り取ってしまうことです。後になって河童は、「手を返してください」と謝りに来ます。返してやると、その手を元のようにつないでしまいます。すると、詫び証《わびしょう》文《もん》を書いて手形を押して帰っていきます。詫び証文は、今でも全国各地に残っています。

ちなみに、甲羅《こうら》がある河童は、両手が甲羅の中でつながっているので、片方の手を引っ張ると、そのまま抜けてしまいます。

河童は、山に千年、川に千年住まうと人語を理解するようになり、人に化けることができるようにもなります。万能の膏薬《こうやく》も作ることができるようになります。

河童は、水源を守る「水神様《すいじんさま》」として各地で祀《まつ》られていました。河童寺、河童神社も多くありました。江戸の人々は、この不思議な生き物と共生していたのです。

月見

江戸時代に入って、月見《つきみ》が盛んになりました。もともとは中国から渡ってきた風習で、中国では赤い鶏頭《けいとう》の花を飾り、月見のためのお菓子・月餅《げっぺい》を食べました。それが日本では、すすきと団子《だんご》に変わります。最初は、上流階級の楽しみでしたが江戸の中頃になって庶民生活が豊かになり、ゆとりができると月見の風習が広がります。

団子は、「十五夜《じゅうごや》」にちなんで、一人十五個ずつ食べます。食べる団子と、お供《そな》えする団子は別々で、お供えする団子は三寸（約十センチ）近い大きなものです。江戸では十五個飾りますが、地域によって数にバラつきがあります。まん丸ではなく、先を尖らせた小芋の形をした団子を飾る地方もあります。

一家仲むつまじく団子を作るのが縁起がよいので、沢山作って三方に飾り、軒先に出しておくと、「お餅《もち》つかせて」といいながら、近所の子どもたちが盗みに来ます。子どもたちは長い棒きれやお箸《はし》などで、団子を突いて盗んでいきます。

たくさん盗まれるほど縁起がよく、子どもたちも、よその家から団子をもらうと元気に育ちます。皆から認められていたいたずらです。長屋に住んでいると、団子は大家さんがくれます。

すすきは、江戸の市中に売りに来て、秋の七草《ななくさ》もセットになっています。八月の十四日と十五日のお昼まで二日間だけ売り歩き、一束が三十二文《もん》ほどします。蕎麦《そば》が十六文なので、その倍です。縁起担《かつ》ぎの意味もあるし、季節限定の際物《きわもの》なので、高くてもしかたがないのです。

その頃、武蔵野《むさしの》は一面すすきの原でした。すすきを飾るのは、武蔵野の面影をしのぶという意味もあります。

同じ読み方でも、「中秋《ちゆうしゆう》」と「仲秋」は違います。中秋は、ずばり八月十五日を指すのに対して、仲秋は、八月のまるまる一カ月のことです。旧暦《きゆうれき》なので三カ月ごとに季節が区切られます。一〜三月が春、四〜六月が夏、七〜九月が秋。その真ん中の八月なので、仲秋というのです。

八月十五日の「望月《もちづき》」は、「芋名月《いもめいげつ》」ともいいます。ちょうど芋の収穫期で、里芋を衣《きぬ》かつぎにして、団子と一緒に食べます。箸を使わず、夜空を見上げながら手探りで食べられるのが便利です。それをつまみながら、一杯やって月を待ちます。

九月十三日の、「十三夜《じゆうさんや》」も楽しみです。満月よりちょっと欠けた状態ですが、秋

あらゆる月を愛でたのは江戸ならではの風趣。(『江戸アルキ帳』より)

の大気に研ぎ澄まされて、とても美しく見えます。十三夜は、枝豆を食べながら待つので、「豆名月《まめめいげつ》」ともいい、栗《くり》を供えて「栗名月《くりめいげつ》」ともいいます。十五夜と十三夜の、両方を見るのが風習となっています。片方だけ見るのは「片見月《かたみづき》」といって、縁起が悪いとされました。

八月の月見も、十五夜だけでは終わりません。次の夜は「十六夜《いざよい》」で、満月よりも、出るのがちょっと遅くなります。「いざよう」というのは、ためらっている状態をあらわしています。

その次の夜が「立待月《たちまちづき》」。立って待っているうちに、月が出てきます。物事が早くはかどることを、「たちまち」というのは、ここから来ています。また、江戸時代の即配便を「十七屋《じゅうしちや》」と呼ぶのは、「たちまち着く」というシャレからです。

十八日が「居待月《いまちづき》」で、座敷で待っていると、月が出ます。十九日が「臥待月《ふしまちづき》」です。座敷に横になって月を待ちます。さらに出てくるのが遅くなると、「更待月《ふけまちづき》」といいます。夜更けにならないと出てきません。

江戸で月見が最もにぎわったのは、実は「二十六夜待《にじゅうろくやま》ち」です。八つ（午前二時くらい）に月が出てくるので、それを、どんちゃん騒ぎをしながら待ちます。水菓子、にぎり鮨《ずし》、天麩羅《てんぷら》、二八蕎麦《にはちそば》、団子などの屋台が出ます。月見を口実に、夜更かしができるというわけです。「月見舟《つきみぶね》」も出ます。

料亭などで月見をするなら、一年も前から予約を取らなければなりません。曇りで見えない時は、「無月《むげつ》」といい、雨で見えない時は、「雨月《うげつ》」といいます。それでもその日は、月見の騒ぎをするのです。

二十六夜待ちでは、観音様《かんのんさま》、阿弥陀様《あみださま》、勢至菩薩《せいしぼさつ》の三尊《さんぞん》の光を見ることができるといわれ、信仰の対象にもなっています。月は女性と深い関わりがあり、子宝・子育ての願もかけます。秋の収穫の時期なので、農耕の感謝の気持ちも込めます。

中国では満月だけを愛《め》でましたが、江戸ではいろいろな形の月を愛でているのです。

武士

市川右太衛門《いちかわうたえもん》主演で大ヒットした昭和初期の時代劇映画に『旗本退屈男《はたもとたいくつおとこ》』があります。江戸の旗本は実際、暇で退屈していました。

旗本は、江戸では「御旗本《お》」と呼ばれます。「直参《じきさん》」と呼ばれる幕府直属の武士《ぶし》のうち、一万石《ごく》以上が「大名《だいみよう》」、一万石以下が「旗本御家人《ごけにん》」となります。御旗本は「お目見え以上」とも呼ばれ、将軍に拝謁《はいえつ》することができます。一方、御家人は「お目見え以下」と呼ばれ、拝謁はできません。俗に「旗本八万騎《はちまんき》」といいますが、実際には旗本は五千人くらいで御家人が一万七千人くらいです。旗本御家人の家来も含めると、八万人くらいになります。

旗本の有名どころといえば、「遠山の金さん」の遠山金四郎《とおやまきんしろう》、「鬼平《おにへい》」の長谷川平蔵《はせがわへいぞう》がいます。

旗本御家人は兵隊なので、戦《いくさ》が起こったらすぐに出動しなければなりません。平時は待機しているという状態です。旗本御家人は外泊が許されませんし、勝手に諸国を歩いたりすることもできません。

江戸では二百年もの間天下泰平が続いたのですから、旗本御家人が暇なのも当然です。幕府も彼らを遊ばせておいてはいけないと考えたでしょうが、そうそう仕事はありません。ひとりでできる仕事を三人くらいに割り振りました。お役のない日がたくさんあって、多くの人は暇を持てあましています。

最も退屈な旗本のお役目が、「小普請《こぶしん》」です。普請というのは工事のことですが、給料だけもらって、お役目は何もありません。出勤もしなければ、何も申しつけられないのです。工事のある時に、「賦役《ふえき》」といって、人足《にんそく》を雇うためのお金を給料の中から支払います。ただそれだけの役職でしたから、本当に退屈でした。

暇でただゴロゴロしている旗本御家人もいますが、アルバイトをする者も沢山います。下谷《したや》・御徒町《おかちまち》の辺りで多かったのが、提灯《ちょうちん》作り、傘貼《は》り、朝顔栽培、金魚売りなどです。代々木《よよぎ》・千駄ヶ谷《せんだがや》では鈴虫・コオロギ売り、牛込《うしごめ》・山の手では、凧《たこ》を貼ったり、小鳥を育てたり、鳥籠《とりかご》の竹細工が盛んでした。青山《あおやま》の傘は名産品にまでなっています。お面や張り子など、子どものための玩具《がんぐ》も内職で作られました。

大久保《おおくぼ》界隈《かいわい》では、ツツジを品種改良するなどして高級品を商いました。これは、今にも続く大久保名産品となっています。新宿区《しんじゅく》の花がツツジになっているくらいです。

暇を活用して、文化に貢献する旗本もいました。歌麿《うたまろ》と双璧《そうへき》をなした美人画の大家・鳥文斎栄之《ちょうぶんさいえいし》、戯作《げさく》のベストセラー作家・柳亭種彦《りゅうていたねひこ》、狂歌《きょうか》の親玉であった大田南畝《おおたなんぽ》――彼らは皆、旗本です。おもしろいのは、いずれも町人文化をリードしていたという共通点です。

旗本御家人は暇だっただけでなく、財政的にも逼迫《ひっぱく》していました。葛飾北斎《かつしかほくさい》の『北斎漫画《まんが》』で、「辻雪隠《つじせっちん》」と呼ばれる公衆トイレに入っている旗本の殿様が描かれています。おそらく、城に出勤する途中で、便意をもよおしてしまったのでしょう。その外で、鼻をつまみながら三人の家来が待っています。衣類などを入れる挟箱《はさみばこ》を持つ「挟箱持ち」に、「草履取《ぞうりと》り」。それから、二人を監督する立場の「若党《わかとう》」です。

旗本以上になると、決してひとりでは外出できず、お供《とも》を必ずつけます。ボディガードの意味もありますが、むしろ強いのは「ひとりで歩いていると箔《はく》がつかない」という、プライド保持の意味です。仕事はなくても、体裁は大切なのです。

挟箱持ちや草履取りなど、旗本御家人に雇われる家来を、「中間《ちゅうげん》」といいます。もともとは農民や町人ですが、雇われている間は士分《しぶん》として扱われます。刀らしきものを戴《いただ》くのですが、実際は木刀で抜けません。形だけの士分なのです。それでも罪を犯した時には、士分並みの罰を受けます。罰だけはりっぱに武士並みです。

殿様が暇なのですから、中間が忙しいわけもありません。中間になるのに、一番喜ばれたのが農家の者でした。忠誠心が強く、骨惜しみをせずによく働くからです。薪《まき》割りや水汲《く》み、縄をなったり、わらじを作ったり——農家出身者は、働き者が多く武家に重宝されました。町人よりは、農閑期の農家の体の逞《たくま》しい人が喜ばれます。農民にとっては、農閑期のよいアルバイトです。要するに、武士としての仕事を手伝わせるのではなく、家の周りの生活ごとを手伝わせているのです。

常に雇っていると出費がかさむので、出勤する時だけ臨時に雇うアルバイト家来も多くなります。供揃《ともぞろえ》が必要な時だけ、「日雇い」「十日雇い」「二十日雇い」「一カ月」「三カ月」「半年」「一年」と期限を決めて雇います。

そうした事情は、大名でも変わりません。大名が華やかに見える、最大の見せ場が大名行列ですが、その七割から、多い家では九割近くがアルバイトだったりします。大名行列の一番の花形は、先頭で毛鑓《けやり》を振り回している四人の中間です。毛鑓は、長い鑓の先に鳥毛などふさふさしたものがついたものです。家によってその形も違うし、振り回し方も違います。左右の中間がお互いの毛鑓を放り投げて交換するなど、派手なパフォーマンスで見物衆を引きつけます。見事に決まると、女の子から歓声が飛び、「どこそこの殿様の毛鑓持ちはかっこいい」「どこそこの殿様のはたいしたことない」

——そういう評判が立ちます。ですから、生え抜きの身ごなしのよい、男映えのする人を雇うことになります。他の中間に比べれば給料も倍くらいかかります。しかし、大名の威厳を保つためには必要な出費です。

どうしてもお金が足りない場合は「札差《ふださし》」という、武士相手の金融があります。これは、そもそもは蔵米《くらまい》の受取り販売の代行を行なう業者です。隅田川《すみだがわ》沿いに、幕府の蔵が建っています。現在の台東区《たいとうく》・蔵前《くらまえ》がその場所です。蔵には、武士の給料である米が入ってきます。それを、米屋に売ることによって現金化するのですが、それが手間なので、やがて札差に代行してもらうことになったのです。米百俵《ぴょう》につき、金三分《ぶ》の手数料を取ります。

幕府の給料は、「高《たか》」（実収）が決まっているので、札差は前貸しをするようになりました。その利息で富を肥やしていくのです。武士の給料は幕府がつぶれない限り、何百年にも渡って同じだけきちんと支給されます。札差も安心して貸すので、三代前の借金を孫が払っていたりします。

しかしそれにも限度があり、やがては「あなたさまのお屋敷には、もうこれ以上お貸しすることはできません」となってしまいます。「武士は食わねど高楊枝《たかようじ》」といいますが、無いことにはどうしようもありません。でも殿様の面子《めんつ》があるので、自分で

幕末、旗本御家人の子弟は、多く彰義隊に志願した。(『合葬』より)

は交渉に行けません。その場合に、「蔵宿師《くらやどし》」という専門業者がいます。かなり腕に覚えがある人物が、強面《こわもて》で札差にすごむのです。一方、札差のほうは「対談方《たいだんかた》」という蔵宿師を追い返す者を雇っています。こちらも強面、この二人のにらみ合いで、借金できるかどうかが決まっていくのです。

武士は百石の家に生まれたら代々百石が原則で、なかなか出世の道はありませんでした。江戸の二百五十年以上の間、物価は上がるのに百石で暮らさなくてはならず、それでいながら、武士としてのプライドを持っていなければなりません。

明治維新で士農工商の身分制度が取り払われて、一番喜んだのは実は武士階級でした。「自由な職業になれて、働いた分だけ実入りがある。なんと素晴らしいことだ」と多くの武士が実感したのです。

杉浦日向子の江戸こぼれ話　四

私が特に好きな妖怪譚《ようかいたん》は、「本所《ほんじよ》の七不思議《ななふしぎ》」にある「足洗《あしあら》い屋敷《やしき》」です。天井からダーン！　と、大きな汚い足が降りてきて、きれいに洗ってあげないと暴れ出すという、他愛《たわい》ないけれど、とてもおもしろいお話です。

江戸の狐狸《こり》はよく人間に化けて社会にとけこんでいます。人間のほうでもそれを喜んで、狸の和尚《たぬきおしよう》さんに揮毫《きごう》してもらい、それを代々伝えているなどということもあります。とてつもない美人がいると「あれは狐《きつね》だ」というなど、その存在を当たり前のように信じているのです。お葬式の帰りに振る舞いのおこわをなくすと、「狐狸妖怪に取られたな」と思います。自分で酔っぱらって無くしただけでも、そう思うのです。

江戸の人々は、人間を万物の霊長と考えていません。動物も人間も一緒で、蚤《のみ》一匹殺すのにも、「祟《たた》られるかもしれない」と思いながらつぶします。命に関する考えが今と違って、「次は自分が虫に生まれてくるかもしれない」と思っているのです。「今つぶしたのが、前のお婆《ばあ》さんだったらどうしよう」などと本気で心配します。江戸っ子が環境に優しいのは、根本にそういう考えがあるからです。

ものも、粗末に扱えば「百鬼夜行《ひゃっきやぎょう》」で夏の夜中に練り歩くと思われています。しゃもじ、枕《まくら》、破れた行灯《あんどん》などが、ぞろぞろと行進するのです。「きちんと最後まで使いきりましょう」と、子どものうちから教育されます。今の東京だったら、百鬼夜行だらけで人が歩けなくなってしまいます（笑）。

同じものをいつまでも使い続ける誇りが、江戸にはあります。「年季が入っている」「年代物だ」といわれると、褒められたことになります。江戸の人々は古いものほど価値を置きました。人間にしても、一年でも多く生きている人を尊敬します。「一年分の春夏秋冬をよけいに知っているから、自分よりも価値が上なのだろう」と考えるのです。江戸では最新の知識よりも、その人が長年培《つちか》ってきた経験や技術が尊重されます。

釣り、盆栽、歌舞音曲《かぶおんぎょく》、俳句――と江戸の道楽はすべからく「隠居文化《いんきょぶんか》」です。若い人は「青二才《あおにさい》」「若造《わかぞう》」と馬鹿《ばか》にされます。今だと年を取ったということ自体が馬鹿にされるので、若作りして見せるなど若さに執着しますが、江戸では逆にファッションを渋めにして老《ふ》けて見えるようにします。頭が禿《は》げたり白髪になったりしても風格がついたと喜びます。老いは誰しも初めての体験です。三十代なら三十代、四十代なら四十代という一度しかない年齢を過ごそう、と江戸の人々は考えます。いつまでも若さにしがみつくのは愚かしいことだと考えるのです。

第伍章　よみがえらせたい江戸の知恵

リサイクル

江戸の街は、物を徹底的に使い切るリサイクル社会。その代表的なのが、紙くず屋です。紙くず屋は集めた紙を、十種類から二十種類くらいに分けます。一ミリか二ミリくらいのパルプの繊維でできている現代の紙に比べて、伝統的な和紙は十ミリ以上の長い植物繊維でできています。添加物がないことも、漉《す》き返しを容易にしていました。リサイクルは最後の最後まで行なわれ、最後は表紙の裏打ちの厚紙、今でいうハードカバーの芯《しん》になります。

一枚一枚、「のし板《いた》」という大きなまな板のようなところで押し広げるので、証文《しょうもん》や大事そうな手紙が出てくることもあります。その場合は保管しておいて、持ち主が現れた時に返すのです。紙くず屋によって保管の期間は違いますが、三年間も保管しておいてくれたというエピソードがあります。一枚一枚の紙に接し、いろいろ字を読むので、紙くず屋には博学の小僧《こぞう》さんが沢山います。

江戸時代では紙がとても貴重なので、大事に扱うように、本をめくる時、左の下の角だけを持ってめくるという、取り決めがあります。そうすればそこだけが汚れて、印刷してある部分に指紋が付くことはありません。これは、子どもの頃から教えられます。和紙はとても優秀な紙で、扱い方さえきっちりしていれば、何百年でも劣化しません。ひとつの教科書が百年くらい使われます。

貴重とはいっても、庶民に手が届かなかったわけではありません。手紙を書くような紙でも、安いものから高いものまで種類があります。リサイクルしている「漉き返し紙」は、かなり安く手に入る庶民の紙です。

紙くず屋以外にも、様々なリサイクル業があります。紙とともに、江戸で貴重なのが、灯りです。そこで「蠟燭《ろうそく》の流れ買い」が登場します。蠟燭からしたたり落ちて、燭台《しょくだい》に溜《た》まる蠟を竹のへらでこそげ落とし、買い取っていきます。それを溶かしてまた蠟燭にするのです。

竃《かまど》や火鉢《ひばち》などの灰を買う「灰買い」という商人もいます。歌舞伎《かぶき》の『与話情浮名横櫛《よわなさけうきなのよこぐし》』で、与三郎《よさぶろう》という主人公がかつての恋人の家で「この家のものは、竃の下の灰まで、おれのものだ」と啖呵《たんか》を切ります。灰が価値のあるものだから、こういったセリフが出てくるのです。

灰には無数の用途があります。作物の根を育てる肥料として優秀で、江戸の名物である練馬大根《ねりまだいこん》の栽培には欠かせません。畑の土もよくなります。関東は火山灰地質で関東ローム層という、酸化しやすい土壌です。それが灰のアルカリ性によって中和され、作物がよく育つ、よい土壌になるのです。

「藍染屋《あいぞめや》」でも灰をたくさん使います。藍を染める時、灰がないと藍がきれいに染まりません。より鮮やかな発色をするようになるので、藍染の他、紅花《べにばな》染にも欠かせないものです。

酒造りにも、灰は活躍します。種麹《たねこうじ》を作る時、上に灰を撒《ま》くと、他の有害な雑菌の成育を抑えてくれます。麹菌だけがすくすくと育つのです。酒ができあがる時にも、灰を投入します。灰に含まれるアルカリ性で酒の酸化を抑え、酸《す》っぱくならないようにするのです。また、灰に含まれている炭素が、酒の余分な臭みを吸収し、味をよりよくします。

絹や綿や麻などの糸作りも、灰の汁で煮ると光沢が出て柔らかくなります。わかめに灰をまぶして干すなど、海産物の灰干しにも利用されます。その他にも漢方薬、紙漉き、洗剤など、くまなく使われます。当時は、衣類を始め、生活雑器、建物まですべてが天然素材でした。だからなにを燃やしても、きれいなよい灰になるのです。

灰買いで豪商になったのが、灰屋紹由《はいやじょうゆう》。俳諧《はいかい》、連歌《れんが》、書画に通ずる風流人です。

割れた瀬戸物《せともの》を接《つ》いでくれるのが、「焼き接ぎ屋」です。割れた破片を取っておけば、元通りに接いでくれます。「割れ物はないかえー」といって、やってきます。「白玉粉《しらたまこ》」という大理石の一種、つまり水酸化カルシウムに、布海苔《ふのり》と粘土を加えたもので接着して、熱を加えて焼き接ぐ――今でいうハンダごての要領で、傷のところに溶かして入れていくのです。高級品の場合は漆《うるし》で接ぎます。焼き接ぎ屋が繁盛《はんじょう》したおかげで、江戸中の瀬戸物屋が不景気になったくらいです。

江戸の古い川柳《せんりゅう》に「焼き接ぎ屋夫婦喧嘩《げんか》の角に立ち」とあります。江戸の夫婦喧嘩は派手で、ものを投げ合うなどしょっちゅうです。「ドチャンガチャン!」と夫婦喧嘩が起きたのを聞きつけると、焼き接ぎ屋は外で喧嘩が終わるのを待っています。

古い傘の骨を買うのが「古骨買《ふるほねが》い」です。骨の状態によって、江戸では四文《もん》、八文、十二文の三段階で買い取ります。上方《かみがた》では、土瓶《どびん》や急須《きゅうす》、人形、団扇《うちわ》などと物々交換します。買い取ってきた骨は、「傘貼《かさは》り浪人《ろうにん》」などのリサイクル業者に回していきます。傘貼り浪人は新しい傘は作らず、ほとんどこうしたリサイクル傘を作っているのです。残っている油紙は丁寧に剝《は》がし取り、魚、味噌《みそ》、漬け物など、水気のあるものを包む包装紙としてリサイクルされます。無駄なく竹籤《たけひご》の一本まで使い切ります。

女性が髪をとかした時に抜ける髪を扱うのが、「梳《す》き髪買い」です。髪を集めて

「髪文字《かもじ》」（かつら）にしたり、髪を膨らませる入れ髪として使ったりします。

そして「くず屋」は、腐ったもの以外は何でも払い受けしてくれます。底の抜けた釜《かま》や鍋《なべ》、布の切れ端だって預かってくれるのです。現金で買い受けるほかに、物々交換もできます。

その他、「古着屋」「湯屋（銭湯）の木拾い」「古樽買《ふるだるか》い」「肥汲《こえく》み」など、いくつものリサイクルが商売として成り立っていました。「炬燵《こたつ》の櫓《やぐら》直し」「下駄《げた》の歯入れ」などの修繕業者も多くいました。ものというのは、形の残る限りすべて再生できると考えられていたのです。使えなくなったものを使えるようにするプロが、修繕屋です。彼らは誇りを持って仕事に当たっていました。ものは最後の最後まで使い、ほとんど捨てることがなかったのです。

大家の活躍

江戸には約二万人の大家がいます。江戸は、人口百〜百二十万人の都市なので、五、六十人にひとりが大家ということになります。大家は単なる長屋《ながや》の管理人ではなく、町全体の治安維持に活躍する存在でした。

江戸で警察官に当たるのが「定町廻り同心《じょうまちまわりどうしん》」で、江戸市内の巡回警備が主な職務です。南北の奉行所《ぶぎょうしょ》あわせて十二名の他に「臨時廻り」が南北十二名います。これは、定町廻りを勤め上げた年配者です。そして、「隠密《おんみつ》廻り」が四名おり、合わせて二十八名ですが、南北が月交代で職務に当たるので、月代わりに十四名でパトロールしていることになります。しかし、この人数でとても江戸全部をカバーできるものではありません。

それぞれの町内にある「自身番《じしんばん》」は初期の頃、地主自身が自分の地所《じしょ》のある町を守るためにそこに詰めたのでそう呼ばれます。後期になると、地主の代理人である家主二名、「店番《たなばん》」といって表店《おもてだな》（表通りに面した家）に住まっている者から二名、町内会費で雇った番人をひとりと、五人一組で詰めるようになりました。

自身番には、火《ひ》の見櫓《みやぐら》か梯子《はしご》、そして半鐘《はんしょう》があり、中には、火消《ひけ》しの纏《まとい》、捕方《とりかた》の道具もあります。自身番は、消防署であり、交番でもあり、また町内会の寄り合い所であり、町奉行《まちぶぎょう》の出張所の窓口でもあるのです。火事用心の夜回りもするし、火事が起きると真っ先に駆けつけます。柱には金輪があり、犯罪者を捕まえた時は、定町廻り同心が来るまで、そこに繋《つな》いでおきます。酔って暴れている人も、そこに一晩繋がれます。定町廻り同心の主な仕事は、自身番を回って「何事もないか？」と声をかけていくことです。自身番を拠点として、民間人と役人の同心がうまく連係プレイを行なっています。

長屋の路地の突き当たりには、住人たちの共用スペースがあります。水道井戸、掃きだめ、「惣後架《そうこうか》」と呼ばれる共同トイレなどがあり、水道井戸の水道料は大家の負担です。地下でつながっているため、ひとつの井戸が汚れると他の井戸も汚れます。いつも清潔に保ち、定期的に新しくするのも大家の役割です。掃きだめのゴミ処理も大家がします。惣後架は、店子の払う店賃よりも大切な収入源になっています。下肥《しもごえ》を近在の農家が買い取りに来るのです。十二間長屋《けんながや》に二十人の大人が住んでいると、約三両《りょう》の年収になります。

地主や家主は、納税者で皆の尊敬を受けています。お上《かみ》に納税するだけでなく、町のための「町入用《ちょうにゅうよう》」という積立金に、利益の五パーセントくらいを出しています。木戸が壊れたり、道が凸凹になったり、雨漏りがしたり、ドブ板が壊れたら、速やかに町入用で直します。また、地主や家主は、長屋が一夜の火事で丸焼けになってしまっても、すぐ次が建てられるくらいの蓄えを持っていなければなりません。

このように大家は店子の生活の細かいところまで関わっています。よく「大家といえば親も同然、店子といえば子も同然」といいますが、実際親子以上の密な関係を持っています。店子の冠婚葬祭すべてに、大家は関わります。旅に出るにも、大家に届けなければなりません。夫婦喧嘩の仲裁もすれば、行き倒れがあれば駆けつけます。酔っぱらいの保護もします。町奉行からの「町触《まちぶれ》」の伝達も大家の仕事です。大家がいなければ、何も始まらないという生活ぶりです。

長屋は「表店」と「裏店《うらだな》」に分けられます。表店は、表通りに面しています。住人は納税者で、江戸幕府からは町人として認められています。表店の裏側にあるのが、裏店で、そこに住む者は納税の義務がなく、その他の住人の扱いです。また、町人と認められていません。家賃は「九尺《しゃく》二間《けん》の裏長屋」といわれる四畳半一間で、四百〜六百文《もん》が相場です。大家には、「家主《やぬし》」と「家守《やもり》」がいます。家主は、その家屋を所持するオーナーで、多くは表店に店を構えて住んでいます。家主から依頼されて管理人をするのが家守で、多くは長屋の木戸《きど》（入り口）の片側に住みました。

いずれにしても重い立場の大家は、紋付《もんつ》きの羽織《はおり》を着るのがトレードマークです。時には強い権限を発動することもあります。喧嘩ばかりしている隣近所とのトラブルメーカーや、ご禁制の博打《ばくち》を長屋の中でやっていたりする無法者は、「店立《たなだ》て」といって、追い出してしまいます。

森林資源の利用法

木場《きば》に浮かんだ木材を、足の下で転がして巧みに操り、鳶口《とびぐち》ひとつで操る筏師《いかだし》は、いなせで粋《いき》で、江戸の娘たちのアイドルです。橋の上からは黄色い声援が飛びます。そうすると筏師たちも張り切って、いつもより余計に木材を回します。彼らは、ぴっちりしたスリムジーンズのようなパッチを穿《は》きます。すると、脚線美が強調されるのです。普通に履けないので、かかとに竹の皮をあてがってスルッと履きます。

材木問屋で有名なのは、紀伊国屋文左衛門《きのくにやぶんざえもん》です。出身地の紀伊国から江戸に蜜柑《みかん》を運んで帰りの船では上方《かみがた》に鮭《さけ》を運んで財を築き、それから材木問屋を開業し、上野《うえの》寛《かん》永寺《えいじ》中堂の用材調達を請け負って、五十万両《りょう》稼ぎました。これは、江戸の国家予算の約三〇パーセントに相当するくらいの凄《すご》い額です。

奈良屋茂左衛門《ならやもざえもん》という材木問屋は、日光東照宮《にっこうとうしょうぐう》の修復を請け負って十三万両稼ぎました。

このように、お上《かみ》の御用《ごよう》を請け負うのが、材木問屋にとって大きな収入になります。

火事の多い江戸ですが、長屋などが焼けても、材木問屋にはあまり関係がありません。ほとんど古材で建て直してしまうからです。

大きな商店の場合はたいてい、木場に自分の家一軒分の材木をストックしています。焼けると翌日から建て替え始め、三日後くらいには商いが再開できる程度まで建ってしまいます。

江戸は火事慣れしていて「囲山《かこいやま》」という、非常用の植林があります。武家屋敷が焼けた時などは、そこを伐採するのです。その代わり、非常時以外は一切伐採しないという決まりが守られています。

材木は、ほとんど江戸近郊から集まってきます。一番近いところでは、今の杉並《すぎなみ》区が杉の生産地でした。青梅街道《おうめかいどう》沿いにずっと、杉並木があります。「四谷丸太杉《よつやまるたすぎ》」というブランド名で江戸で使う丸太杉を生産し、運ぶ時は荷駄《にだ》につけたり、石神井川《しやくじいがわ》から神田川《かんだがわ》へ流して来たりすることもあります。遠くから運ぶと、運賃がかかるので、なるべく近郊で作るようにするのです。常に植林が心がけられていました。

木はとても貴重なものなので、木をまったく無駄にしないで裁つ優秀な木挽《こび》き職が引っ張りだこです。木は捨てる部分がありません。細く曲がったものは、炭に焼いたり薪にしたり、節の多いものは建設用の足場に組みます。製材した後の切れ端で、割り箸《ばし》や楊枝《ようじ》を作り、おがくずは堆肥《たいひ》にします。このように、すべてを使い切りました。

ボランティア

企業による社会貢献が叫ばれる現代ですが、江戸の大商人たちは、当たり前のように自らの富を社会に還元しています。

商売がうまくいけばいくほど町が潤《うるお》っていくので、お金持ちは尊敬の対象になります。富を持てば持つほど、町のためにいろいろ考えていかなければならないのが大商人なのです。

町政一般の管理、指導を行なう町人を「町役人《ちょうやくにん》」といいます。名前からするとまるで武士の役人のようですが、その正体は地主や家主、商人などの民間人です。掃除、防災、道路整備などの維持補修に使われた町の経費を「町入用《ちょうにゅうよう》」と呼び、町役人たちがこれを支出します。

ここには、捨て子や迷子の養育費も組み込まれています。親の見つからなかった子どもたちは、町で育てるのです。

町入用への支出をケチれば、「おたくのところでは儲《もう》けがあれだけあるのに、少なすぎるのではないか」と他の役人からいわれ、面子《めんつ》が丸つぶれになってしまいます。

商人は「儲けたら儲けたなりに町のために出す」という姿勢がないと、人々の信用が得られません。「儲かった、儲かった」と、大笑いしているような金持ちは町に住めなくなってしまうのです。

江戸では他人のために何かをするのは、特別なことではありません。町の中で暮らしていることが、そのままボランティアになります。

長屋《ながや》には鍵《かぎ》がありません。行商人《ぎょうしょうにん》など外部の者も、自由に出入りします。それぞれの家の戸も、ほとんど開けっ放しです。それぞれの家がどんな状態か分かっているので、お互い助け合いながら暮らしています。

親の帰りが遅い家の子は、よその家でご飯を食べるのが当たり前で、いたずらの度が過ぎれば、自分の子であろうと他人の子であろうと雷を落とします。おかずを余分に作ったら、隣にお裾《すそ》分《わ》けするし、足りなくなれば、味噌《みそ》、醤油《しょうゆ》などを貸し借りし合います。

下町の気質としてよく、「頼まれもしないのに世話を焼く」といわれますが、それほど押しつけがましいものではありません。「頼まれたら嫌とはいわない」というのが江戸っ子の心意気で、相手のプライドもちゃんと考えます。その代わり「困っているからちょっと助けて」といわれれば、何を置いても助けます。お互いのつながりを尊重しているのです。

杉浦日向子の江戸こぼれ話　伍

庶民の住む長屋《ながや》は三坪ほどの広さが普通です。その小さなスペースで人々が寝起きしています。欧米の人々は、「なぜあんな劣悪な住居空間で何百年間も我慢できたのか?」と不思議がりますが、それは江戸の人々が町単位で生活していたからです。お風呂《ふろ》は銭湯に行き、その二階で集まった人と世間話をした後は神社の境内で涼んで――と、町にバスルームやリビングルームがあったのです。三坪の部屋は、ワンルームではなく寝室でした。都会を満喫するには、そうした身軽な生活が適しているのです。

長屋には外からかける鍵《かぎ》がありません。中に人がいる時はつっかえ棒をしますが、外出する時に鍵はかけません。ただそれでもプライバシーはあって、敷居をまたぐ時は中の人の許可を得ます。八《はっ》つぁんが熊《くま》さんの家に来た時でも「おおい熊、いるか?」と聞いて「おお、へえんな」といわれない限り、閉まった戸を挟んで用件をいって済ませます。地方出身の知らない者同士が隣り合って住んでいたことから自然にできたルールでしょう。

地方では代々同じところに住んでいるので「○○さんとこのお嫁さんは……」と、情報が家々を伝わって固定されますが、江戸では引っ越しが絶えずあるので、そんなうわさ話などに耳を貸しません。「自分は自分、相手は相手」という超個人主義です。隣がちっともうらやましくないのが江戸の生活です。

でもそれが町ぐるみになると話は別で、「八百八町《はつぴやくやちよう》」といいますが実際は千以上の町が江戸にあり、「隣町よりもいい町にしよう」というその町の誇りがあります。お祭りの際の「山車《だし》」の巡行でも張り合いになります。町の中に痩《や》せた子どもや体の不自由なお年寄りが世話をされずにいると、「お前のところは弱い者を見てやってないんじゃないか」と、軽蔑《けいべつ》されてしまいます。介護も育児も町ぐるみで負担する江戸の習慣は、私たちが今一番見習うべき点でしょう。全部自分の家の中で処理しようとするから、ストレスが溜《た》まるのです。江戸には福祉やボランティアに相当する言葉がありませんでした。力のある人は力を貸し、お金のある人はお金を出す――それがごく当たり前のことで、少しも恩着せがましくなかったのです。

第六章　江戸はこんなに進んでいた

水道

江戸の市中には、水道が流れています。「水道の水で産湯《うぶゆ》を使い」が、江戸っ子の誇りです。多摩川《たまがわ》を水源とする玉川上水《たまがわじょうすい》、井《い》の頭池《かしらいけ》を水源とする神田《かんだ》上水など、六本の上水がありました。享保《きょうほう》年間、八代将軍・吉宗《よしむね》の頃に、玉川上水と神田上水を残して後の四つは廃止されます。

十七世紀の世界の三大都市は、ロンドン、パリ、江戸ですが、そのうち常に水が流れている水道を持っているのは、江戸だけです。ロンドンにも水道はありますが、流れるのは週三日の七時間だけで、パリに水道ができるのは、十九世紀になってからです。

最も規模が大きいのが玉川上水で、羽村《はむら》というところから四谷《よつや》大木戸まで、四二・七三八キロメートルに渡ります。それを、たったの八カ月間で掘ってしまいました。近くに住んでいた武蔵野《むさしの》の住人が総がかりで掘ったのです。技術も世界的に優れています。上水をちょうど馬の背に当たるような地形に掘り進んだので、他の分水が左右に行き渡るようにできました。

四谷までは、地面の上を小川のように流れていきます。四谷から町中に入るので、木や石で作られた水道管が地中にたこ足のように配管され、各所に分配されます。長屋《ながや》ごとに、共同の水道枡《ます》があり、いつも一定の水位に保たれるようになっています。竹竿《たけざお》の先に桶《おけ》をつけて水を汲《く》みます。屋根下に滑車を取りつけたつるべは長屋にはありませんでした。

水道は、加圧式ではなく、自然流下式です。土地の高低を利用して流れます。江戸は坂が多く高低があったので、大変難しく、緻密《ちみつ》な計算があって初めてできるハイテク技術です。

ＪＲの駅名として残っている、水道橋《すいどうばし》。これは空中を水が流れる「架樋《かひ》」があった名残です。遠くまで水を行き渡らせるためには、空中を通す必要がありました。

水の管理も大変です。上水道《じょうすいどう》で水浴びや、洗濯、魚取りをしている者がいないか、ものを投げ込む人がいないかを、「水番屋《みずばんや》」が監視していて、見つかると、厳罰に処せられます。異物が入っていたりして、水の状態が悪いと分かると、関や水門を閉じて、江戸のほうに流れないようにします。それほど厳密に管理されているのです。

水道井戸から汲んだ水で、人々は、足を洗ったり、洗いものをしたりします。水を汲んできての洗いものは大変なので、茶碗《ちゃわん》などは、白湯《さゆ》と沢庵《たくあん》一切れで洗わずに済むようにして箱膳《はこぜん》に仕舞います。

飲むためには、濾過《ろか》と煮沸《しゃふつ》をして湯冷ましにしなければなりません。そのため、一杯いくらで売りに来る水売りから、飲み水を買うこともあります。

水道の水は、最後に堀や川に落ちます。その吐水口には水舟が待ちかまえていて回収します。そして、水の不便な地域に売りに行くわけです。このようにまったく無駄がありません。

上水が作られたのは、四代将軍・家綱《いえつな》の頃です。参勤交代《さんきんこうたい》が定着し、多くの大名《だいみょう》の家臣が江戸に住まうようになり、江戸の人口が爆発的に増えました。百万の人口をまかなうには、従来の井戸だけではとても足りなくなり、上水を引くより手だてがありません。また、井戸を掘ろうとすると、江戸でよい水質を得るには、岩盤を掘り抜いて相当深い地下水に達しないといけません。大変な費用がかかったのです。

水道の届かない郊外の人々は、井戸を掘ります。庶民は「青へな」と呼ばれる浅井戸を使いますが、岩盤を突き抜ける「掘り抜き井戸」を作るには、二、三百両《りょう》かかります。山の手や高台になれば、「千両井戸」ともなります。そこで、生活用水は、桶に雨水を溜《た》めることもします。

現代で「湯水のように使う」といえば、金銭などを無駄遣いすることとされていますが、江戸では違います。お湯やお水は、溜めておくと腐って濁るので、とどこおりなく流れるようにしておかなくてはいけません。お金もそれと同じことで「手元に貯《た》め込んでおかずに、生きたお金として流しなさい」という意味なのです。

学校

江戸では学問が盛んです。広く庶民から侍まで、様々な学校で学んでいます。今でいう教育大学に当たるのが、「昌平坂学問所《しょうへいざかがくもんじょ》」です。文京《ぶんきょう》区の湯島聖堂《ゆしませいどう》に、その名残があります。当時の建物は火災で焼失しましたが、当時の姿そのままに、コンクリートで再建されています。

ここは、教師を育成する学校です。初めは林述斎《はやしじゅっさい》の家塾でしたが、のちに幕府直轄《ちょっかつ》の学問所になりました。推薦状があれば面接試験程度で入れましたが、進級試験が難しく、途中でどんどん自主退学してしまいます。四〜九級までのクラスがあって、「素読《そどく》吟味《ぎんみ》」「学問吟味」などの試験があり、段階ごとに振り落とされていく仕組みです。歳《とし》は関係なく学べますが、三十歳をすぎても下のクラスにいる人などは、恥ずかしくてやめてしまいます。相当数が振り落とされて、最後まで残るのは一割に満たない人数です。

十一代将軍・家斉《いえなり》の時に、昌平坂学問所は「幕臣《ばくしん》に限る」とされ、門戸が狭くなりました。学ぶのは旗本《はたもと》や御家人《ごけにん》など、将来「殿様」「旦那様《だんなさま》」と呼ばれるような人たちばかりで、教えていたのは、「朱子学《しゅしがく》」です。朱子学が、幕府の屋台骨を支える「滅私奉公《めっしほうこう》」を強要するのに都合がよかったのです。他の学問は禁じられ、それに不満を感じて私塾に流れていくアカデミックな師弟もいました。

庶民の子どもたちが通ったのが、「寺子屋《てらこや》」です。この「寺子屋」というのは上方《かみがた》で使われた言葉で、江戸では「手習い師匠」とか、「書道の指南」という意味で「手跡指南所《しゅせきしなんじょ》」といいます。江戸は武士の都です。学問を教えるものに「○○屋」と「屋」がつくのは、商売じみてよろしくないというので、「指南所」というのです。江戸の後期には、江戸市内だけで千五百もの指南所がありました。一町内に二、三カ所はあったことになります。

七、八歳から、三〜五年の間、子どもたちが通います。庶民に必要な学問は「名頭《ながしら》」と江戸方角と村の名と商売往来、これでたくさん」といわれていました。ひらがなから始まって、数字、地名や名字、手紙の書き方、商売に使う用語、これだけ覚えれば十分という意味です。そろばん、礼儀作法、料亭のようなところに行った時どんな食べ方をしたらよいかなど、明日からでも使える実用的な学問が主体で、九九なども、商売をする子どもには勘定の便利になるので必ず教えます。一方では、茶道、華道、漢学、国学など、高度な学問を教えているところもあります。

字は崩し字の「草書《そうしょ》」から教えます。その次が「行書《ぎょうしょ》」で、最後が「楷書《かいしょ》」です。ですから、庶民で楷書を読み書きできる者はほんのわずかです。江戸庶民は、ニョロニョロの字は読めても、きっちり書かれているとわかりません。

道徳も教えます。享保《きょうほう》年間に八代将軍・吉宗《よしむね》が儒者《じゅしゃ》・室鳩巣《むろきゅうそう》に編さんさせた『六諭《りくゆ》衍義大意《えんぎたいい》』という教科書があります。六諭は、中国の明《みん》の時代の道徳の基礎の基礎で、六つの「しなくてはいけないこと」が書かれています。「親孝行をしなさい」「年上の者を敬いなさい」「隣近所と仲よくしなさい」「子どものお手本となるような生き方をしなさい」「仕事はしっかりしなさい」「間違ったことをするな」——これさえ守っていればよい、と教えられます。

男女の区別なく、指南所《しなんじょ》には通いました。赤坂《あかさか》、日本橋《にほんばし》、本郷《ほんごう》あたりでは、男子に比べてむしろ女子の就学率が高かった、という記録もあります。義務教育の制度などなかったのに、江戸の七、八割の子どもが指南所で学んでいます。同じ頃、欧米の先進国では、イギリスなど高いところでも二、三割の就学率でした。

子どもは、朝の八時くらいから、昼ご飯を挟んで二時くらいまで勉強します。子どもたちがいなくなった後には、いろいろな事情があって読み書きを習うことができな

町内の子供たちでにぎわう手習所。(『江戸アルキ帳』より)

かった大人のために、門戸が開放されています。ひとりひとり違う教科書が使われます。

「その子に一番役に立つように」ということで、ひとりひとり違う教科書が使われます。机の向きなどはバラバラで、かなり自由な雰囲気です。

先生になったのは、浪人、お坊さん、神主、未亡人など、教養があって時間のある人たちで、女師匠も多く、三人にひとりは女の先生です。大人の生徒の中には、「どうせなら女師匠がいい」などと、よこしまな気持ちで通う人もいて、そういうのを「狼弟子《おおかみでし》」といいます。「すきあらば食ってやろう」と思っているからです。

先生の多くができた技術が「倒書《とうしょ》」です。子どもと向き合って上下逆さまの文字を、書き順もその通りに書きます。これができないと、いちいち子どもの後ろに回って書いてあげないといけません。そういうのを「おんぶ師匠」と呼んで格下に見ました。一度に三十人や五十人の子どもを教えるには、倒書ができないと能率が悪いのです。

公《こう》でも私でも、授業料はあってないようなもので「出世払い」が普通でした。払えない場合、昌平坂学問所なら学校にとどまって後輩を指導しました。寺子屋なら、商売ものを持っていきます。家が大工であれば、師匠の家の雨漏りを直してあげ、八百屋なら、野菜を持っていきます。人情味があって、家計の苦しい家が月謝を持ってきたりすると、師匠が押し返すこともあります。師匠も子どもを教えることに情熱を持っていましたし、子どもも真剣に勉強しました。家に帰ると長屋《ながや》で狭いから、いるところがありません。「寺子屋に行っていたほうが楽しい」という事情もあったようです。

「西欧の学問を学びたい」という人々は「長崎遊学《ながさきゆうがく》」に向かいます。当時は、長崎が唯一《ゆいいつ》の西欧文化の入り口で、全国から学問の志のある青年が集まりました。学びたいという気持ちさえあれば資格は必要ありませんでした。

当時の絵を見ると、「通詞《つうじ》」とオランダ人が立ち話をしている様子が描かれています。その横ではチェロやバイオリンなどの室内楽が演奏されています。優雅な一コマです。

通詞は、通訳というより学者に近い人たちです。専門用語をたくさん知って、その国の文化や風俗をすべて熟知していなければ、日本語に置き換えられないからです。エリート中のエリートで、通詞から医者になる人もいました。通詞のトップが「大通《だいつう》詞《じ》」という人たちで、これは数えるほどしかいません。日本の知識階級の頂点に立つ人たちです。

長崎遊学で学ぶのは、オランダ語の他、医学、天文学、兵学などです。学生たちは、二十〜二十五歳くらいまでで、入る前に下地ができていて、オランダ語の基本的な文法は習得済みです。

「遊学」といいますが、実際には非常に過酷な、猛勉強の日々で、学問のしすぎで亡《な》くなってしまう学生もいたくらいです。十日間で「一刻半《いっこくはん》」（三時間）くらいしか寝ないという人も珍しくありません。食事の時間も惜しいので、立ったままで食べました。

遊学生《ゆうがくせい》たちのアルバイトで、一番効率がよかったのが「写本《しゃほん》」です。オランダ語の本を書き写して、それを売るのです。一番需要が多かった『ドゥーフ・ハルマ』という蘭和《らんわ》辞典だと、一冊丸々書き写して十二、三両《りょう》になりました。自分用に書き写すついでに、もうひとつ書き写します。ひとつは自分で使って、ひとつは売るので、一石二鳥でした。

長崎遊学の後、大阪に私塾「適々斎塾《てきてきさいじゅく》（適塾）」を開いたのが緒方洪庵《おがたこうあん》です。約二十五年の間に、三千人もの門下生が全国から集まりました。福沢諭吉《ふくざわゆきち》、橋本左内《はしもとさない》、大《おお》村益次郎《むらますじろう》、佐野常民《さのつねたみ》など、たくさんの門下生を世に送り出しています。塾生たちが全国に散らばったことで、牛痘《ぎゅうとう》接種などの全国普及にも貢献することになりました。

適々斎塾の教育はハードです。二階に三十二畳ほどの大部屋があり、そこにいつも三十人ほどの塾生が寝起きしています。夜遅くまで辞書を引いたり本を読んだりして勉強し、疲れ果てたら机に突っ伏して寝るのです。着の身着のままで寝たり起きたりするので、布団《ふとん》で寝る者は一人もいません。食事は、お櫃《ひつ》から自分でよそって、質素なおかずで立ったまま食べます。それほど時間を惜しんで勉強します。

九段階のクラスに分けられていますが、月に五、六回の実力テストがあり、三カ月連続首席を取らなければ上の級に進めません。命がけで勉強しないと卒業できないのです。

緒方洪庵は門弟に囲まれて、一介の町医者で終わりたいと思っていましたが将軍様に呼ばれて、その命に逆らえず、将軍様やその周りの人々を診る「奥医師《おくいし》」になりました。十人の家来を持たされますが、ストレスがたまったのか、十カ月あまり後に亡くなりました。数え年で五十四歳でした。

旅行

江戸初期の頃、庶民はほとんど旅ができませんでした。巡礼・修行の旅、家を捨てて出る松尾芭蕉《まつおばしよう》や与謝蕪村《よさぶそん》のような俳句《はいく》の旅、主君のためのお役目の旅などに限られ、物見遊山《ものみゆさん》の旅はあり得なかったのです。

百年かかって五街道《ごかいどう》が整備された八代将軍・吉宗《よしむね》の頃、日本中に平和の気分が満ちあふれ、「庶民も旅行に行きたい」という要望が高まってきます。街道が整備されたので、街道さえ辿《たど》っていけば安全に旅ができるようになっていました。

この時十八世紀のはじめ、欧米でもまだまだ庶民は旅などできなかった時代です。江戸時代の旅で、その自由さをよく表しているのがブームになった「お伊勢参り《いせまい》」で、特に六十年に一度の「お陰参り《かげまい》」はブームの頂点です。文政《ぶんせい》十三（一八三〇）年のお陰参りは特に凄《すご》く、日本中から約五百万人もの人がお伊勢さんに押し寄せました。当時の日本の人口が約三千万人といわれているので、実に六人に一人が行ったことになります。

江戸からお伊勢さんまでは、急ぎ足でも十四、五日かかります。しかし大抵は、ほとんど一生に一度のことなので「旅籠《はたご》」に泊まり、物見遊山しながらの旅です。往復二カ月くらいかけて楽しみます。

一文《もん》もかけずとも、お伊勢参りはできます。笠《かさ》をかぶり、ゴザを筒に丸めて背中に背負い、その先に柄杓《ひしやく》を差す――これが、お伊勢参り無銭旅行の定番スタイルです。ゴザは、橋の下、神社やお寺さんの縁の下で寝るためのもので、柄杓は飲み水を汲《く》んだりするほか、そこにお金をいただいたり、食べ物をいただいたりします。その格好を見れば、「あっ、一文無しのお伊勢参りだな」とわかり、沿道の人々や旅の人がサポートしてくれます。八百万《やおよろず》の神の頂点・天照大神《あまてらすおおみかみ》を祀《まつ》っているお伊勢さんへの旅は、それだけ特別なものです。

おもしろいのは、「抜《ぬ》け参《まい》り」で、親やご主人に無断で、子どもや奉公人《ほうこうにん》がお伊勢参りに抜け出します。もちろんこれも無銭旅行です。お伊勢参りの行列が通りかかると、それまでお米をといでいた女中《じよちゆう》さんなどが、着の身着のままでバッと紛れ込んでしまいます。進んでいくうちに、沿道の人々が柄杓やゴザなど旅支度を恵んでくれるので、だんだん旅姿になっていくわけです。お伊勢参りに限っては、抜け参りして帰ってきた奉公人を、また雇い入れてくれます。だから、安心して旅ができるのです。

現代にもこんな習慣があったなら、ちょっと日常から遠ざかりたい人々が、ずいぶん助かるのではないでしょうか。

　犬もお伊勢参りをします。飼い主の夢に出て、「お伊勢参りがしたい」とお願いされたら、犬の首に賽銭《さいせん》を結びつけて送り出します。お伊勢参りの人々にかわいがられながら、ちゃんと伊勢までたどりつき、大抵は、賽銭を十倍くらいに増やして帰ってきます。

　お金のない庶民がよくやったのが「代参《だいさん》」です。「伊勢講《こう》」といって、皆でお金を積み立てておき、くじ引きなどで選ばれた代表者が、講の積立金を持って参詣《さんけい》するのです。くじは毎年引くので、ずっと積み立てていれば、いつかは当たるという望みがあります。代参する者は、二人か三人組で行きます。旅の安全のためでもありますが、博打《ばくち》などの悪い誘いに乗って無一文《むいちもん》になったりしないように、お互いを監視する意味もあります。お参りのための講は「富士《ふじ》講」「熊野《くまの》講」などいろいろありますが、伊勢講が最大です。

　リッチな一行になると、揃《そろ》いの浴衣《ゆかた》を羽織《はお》って、三味線《しゃみせん》などを抱え、やんややんやと踊り歌いながら行きます。伊勢講の手拭《てぬぐ》いを、ズラリと御旗《みはた》に掲げて行進していきます。

お伊勢さんは、イスラムのメッカ、カトリックのバチカンに匹敵するような神聖な場所です。お参りする前に、体を清めなければなりません。お伊勢さんの近くの宮川《みやかわ》では、子どもたちが身を清めている姿が目立ちます。旅人が子どもにお金を上げて、代わりに「水垢離《みずごり》」をしてもらっているのです。これを「代《だい》垢離」といいます。旅人には信仰の強い人もいましたが、ほとんどの人々にとっては、お参りに名を借りた物見遊山です。

お伊勢参りは、ただ自然にブームになったのではありません。伊勢の御師《おし》が、守《も》り札《ふだ》や、伊勢名物の白粉《おしろい》や簪《かんざし》、櫛《くし》などを持って諸国を回りました。「伊勢はいいところ、一生に一度は行ったほうがいいよ」とＰＲして歩いたのです。今の旅行代理店のように、旅ブームを仕掛ける役割を果たしました。

伊勢神宮《いせじんぐう》では、二十年ごとに神殿が新築され、ご神体《しんたい》がうつされます。この二十年に一度の「遷宮《せんぐう》」にも、沢山の人が行きました。毎年四十万〜六十万の人々が、お伊勢さんに参詣しました。

富士山も多くの人々が目指しました。特に六十年に一度の「庚申《かのえさる》の年」には、登山口から頂上まで人の列が絶えないくらいになります。普段は「女人禁制《にょにんきんせい》」ですが、この年に限って女性の富士登拝も許されました。

江戸から行く場合、新宿大城門《しんじゅくだいじょうもん》を出発し、甲州《こうしゅう》街道まで行って、八王子《はちおうじ》→高尾山《たかおさん》→大月《おおつき》→富士《ふじ》街道→吉田《よしだ》と、富士山の裏側に回ります。そこまで約三日間かかり、山中の「石室《いしむろ》」という山小屋で、一泊します。山頂に至って、まっすぐ下山して須走口《すばしりぐち》に出て、足柄峠《あしがらとうげ》→伊勢原《いせはら》→藤沢《ふじさわ》→品川《しながわ》と今度は東海道周りです。全部で八日間くらいの行程で、その間は歩き詰めです。

苦労する割には、頂上にいるのはほんのわずかの時間で、着いたらすぐに降ります。富士山そのものがご神体なので、そこで何をするということもなく、登って降りるだけで十分なのです。

ほとんどが団体旅行で、講に月々積み立てていたお金で出かけます。お互い励まし合い、助け合いながら登ります。先頭に立つのは、「先達《せんだつ》」と呼ばれるツアーコンダクターで、七回以上富士登山をした人がなります。公私にわたって皆の面倒を見て、縁談の世話をしたり、夫婦喧嘩《げんか》の仲裁をするなど頼られる存在です。

富士山は、江戸っ子にとって一生に一度は行くべきところです。ただ行くのがあまり大変だったので、「富士山に一度も行かぬ馬鹿《ばか》。二度行く馬鹿」などといいました。

享保《きょうほう》十七（一七三二）年、全国で一万人以上の餓死者が出る飢饉《ききん》が起こりました。四十五回富士山に登った大行者《だいぎょうじゃ》の食行身禄《じきぎょうみろく》が、人々が飢える世の中があってはならないと、富士山にこもって三十日間以上断食《だんじき》し、禅定《ぜんじょう》のまま亡くなりました。以来、江戸っ子たちの間では、朝な夕なに拝んでいる富士山の中に食行身禄がいるということで、よけいに信仰心が強まりました。

成田山《なりたさん》の参詣も江戸っ子には人気があり、「成田講」で団体旅行がたくさん行なわれています。

成田山の歴史は古く、天慶《てんぎょう》三（九四〇）年、平将門《たいらのまさかど》の乱を平定することを祈る祈禱《きとう》所《じょ》として造られました。二十一日間、護摩《ごま》を焚《た》き、その二十一日目に将門が討ち死にします。「大変に霊験《れいげん》あらたか」「新たに勝つ」ということで「新勝寺《しんしょうじ》」と名付けられました。武将たちの信仰を集めましたが、江戸っ子にはその名は知られていませんでした。

しかしそれから七百六十年後の、元禄《げんろく》十六（一七四〇）年に成田山が深川八幡《ふかがわはちまん》で「出開帳《でかいちょう》」という出張をします。その時にブームに火がつきました。

江戸で当代一の人気役者、初代・市川団十郎《いちかわだんじゅうろう》も成田山を信奉し、屋号を「成田屋」としました。団十郎人気と相まって成田山は大人気となり、それ以来代々団十郎は、今の十二代に至るまで成田山を信奉しています。

成田山のご本尊《ほんぞん》は「お不動《ふどう》様」で、古代インドのシバ神です。密教で調伏《ちょうぶく》の力が強く、祈ればたちどころに効《き》くとされ、現世利益《りやく》の好きな江戸っ子にとてもうけました。火消《ひけ》しの頭《かしら》をはじめ、お不動様なので、火炎を背負っています。火伏せに効き目があるということで、火消しの頭をはじめ、火事の多い江戸で防災を心がける人々の信仰を集めました。

江戸から成田山までは、大体三泊四日で、船橋《ふなばし》か関宿《せきやど》に泊まる、二つのルートがあります。関宿を使うなら、歩かずに行くこともできます。江戸川を船で登って関宿で一泊し、そこから利根川を下がって、成田山の近くまで行くのです。そこからは、馬か駕籠《かご》に乗ります。お金持ちのお年寄り向けのコースです。

江戸っ子に身近な、参詣・観光スポットが、江ノ島《えのしま》です。ここの弁天様《べんてん》は、安芸《あき》の厳島《いつくしま》の弁天様、近江《おうみ》の竹生島《ちくぶじま》の弁天様と並ぶ、「日本三大弁天」のひとつで、引き潮になると参道が現れて歩いて行けます。満ち潮の時には舟で渡って参詣します。江ノ島は、絵のように美しい島ということで「絵島」ともいわれます。

当時の絵には、揃いの傘と浴衣で、江ノ島に向かう女性の群れが描かれています。それぞれ「富本《とみもと》」「長唄《ながうた》」「清元《きよもと》」「常磐津《ときわづ》」と大変人気のあった唄の四派の師匠と弟子たちです。江戸からにぎやかに演奏しながら歩いてきたのです。江戸からは三泊四日くらいです。弁天様は琵琶《びわ》を抱えているので、芸事の上達を願う人々が押し寄せます。

弁天様の本体は、竜神《りゅうじん》で水に大変縁が深く、将軍様や奥女中《おくじょちゅう》らは、火災よけを願って参詣します。また弁天《べんてん》様のお使い姫は「白蛇《はくじゃ》」で、蓄財に御利益があると大商人も奉納品などを持って参詣します。ただし、「弁天様に夫婦で出かけると夫婦別れをする」といういい伝えもあるので、男は男同士、女は女同士で行かなければなりません。鍼灸按摩《しんきゅうあんま》の祖といわれる杉山和一《すぎやまわいち》は、弁天様から鍼《はり》の診療の極意を授かり、五代将軍・綱吉の侍医《じい》となって弁天信仰の流布《るふ》に努めました。それ以来、目の不自由な人の参詣も絶えません。

歌舞伎《かぶき》で有名な「弁天小僧《こぞう》」は、江ノ島・岩本院《いわもといん》の稚児《ちご》上がりです。岩本院では、かわいい美少年が小姓《こしょう》姿で給仕に当たっていました。「弁天小僧菊之助《きくのすけ》とは俺のことだ」と見得《みえ》を切る弁天小僧は、悪党でも美化して書かれていました。創造上の人物であるにもかかわらず、女性ファンが江ノ島に詰めかけました。

弁天様は当時、岩屋《いわや》の胎内《たいない》に安置されていました。胎内巡りするのは、ちょっとしたアドベンチャーです。海の幸も豊富で、江ノ島の料理茶屋《りょうりぢゃや》では絶品の料理が食べられます。いろいろと楽しみがつきません。

江ノ島に近い大山《おおやま》も、富士山と並ぶ山岳信仰の対象になっています。江戸っ子にとっては、江ノ島と同じく箱根《はこね》の手前なので、手形がいりません。今でいうとパスポートなし、二泊か三泊の比較的気楽な国内旅行です。

大山は毎年、旧暦《きゅうれき》の六月二十七日から七月十七日までの二十日間、入山を許されました。その時期は、山頂まで人が数珠繋《じゅずつな》ぎになります。大半が講を組んで江戸から来た団体旅行です。また山門から中は女人禁制なので、全員が男性です。妻の目を逃れて羽を伸ばせるチャンスにもなりました。信仰というより、ほとんど行楽です。

大山詣《おおやまもうで》の前には、体を清めるために水垢離をします。江戸っ子なら、両国橋《りょうごくばし》の東詰《ひがしづめ》にある水垢離専門の垢離場で、太刀を持ちながら「懺悔《ざんげ》、懺悔、六根清浄《ろっこんしょうじょう》」と唱えながら七日間身を清めます。入山すると、太刀を奉納し、新しい太刀をもらって帰ってきます。

大山詣で栄えた宿場町《しゅくばまち》が、小田原宿《おだわらじゅく》です。お土産もいろいろあって、有名な小田原提灯《ぢょうちん》は「懐《ふところ》提灯」といって、平たい円筒に折りたため、旅に持ち歩くのに便利です。食べものも、蒲鉾《かまぼこ》、塩辛、鰹《かつお》、魚の干物《ひもの》、梅干しと、旅の保存食として役に立つものばかりです。多くの旅人はそれらを小田原で買い求め、「天下《てんか》の嶮《けん》」を目指します。

大山のふもとの町、秦野《はだの》にも名産品があります。味がマイルドな秦野煙草《たばこ》は一日中吸っていても喉《のど》がいがらっぽくならず、女性にも人気のあるブランドで、水戸《みと》や薩摩《さつま》と並ぶ三大名産煙草です。落花生《らっかせい》も名産品でした。

江戸から大山詣に行くには、大山街道を歩きます。ここは東海道と並ぶくらい、人ものも流れが盛んです。

江戸の旅ブームに火をつけたのが、歌川広重《うたがわひろしげ》の『東海道五十三次《とうかいどうごじゅうさんつぎ》』です。定火消し《じょうびけし》同心《どうしん》の家に生まれた広重は、父の職を継《つ》ぎ、幕府直属の役人になりました。お役目《やくめ》で東海道を上り下りする機会が多く、自分の目で取材した数少ない絵師《えし》です。広重に人気があったのはリアリティがあったからで、「街道絵」を開発したのも広重です。それまでポイントポイントの名所絵はあっても、道筋を描いたものはありませんでした。見て楽しむだけでなく、ガイドブックの役割も果たしています。

同時期に出版された十返舎一九《じっぺんしゃいっく》の戯作《げさく》『東海道中膝栗毛《とうかいどうちゅうひざくりげ》』も、おもしろおかしく物語を楽しめながら情報も盛りだくさんで、すぐれた旅ガイドとして旅ブームに拍車をかけました。

安倍川《あべかわ》のきなこ餅《もち》、鞠子《まりこ》のとろろ汁、岡部《おかべ》の十団子《とうだんご》、日坂《ひさか》のわらび餅、大津《おおつ》の源五郎鮒《げんごろうぶな》――各宿場《しゅくば》に名物もできて、旅の楽しみが増えていきます。

東海道には、難所もあります。特に大井川《おおいがわ》の渡しは、人足《にんそく》の手を借りないと渡れません。川越えは、川の深さによって値段が違います。股《また》を濡《ぬ》らさずにすむ深さの、

「股下」あるいは「股通し」が四十八文《もん》（後に五十八文に値上がり）で、深くなるほどに、「帯下」「帯上」「乳下」「脇《わき》通し」と高くなり、脇通しは九十四文です。

また、これは、人足一人分の値段です。脇通しの場合、一人に肩車をして渡してもらえば九十四文で済みますが、駕籠に乗って、六人で担《かつ》いでもらえば六人分かかって六百文弱になります。加えて荷物の入った長持《ながもち》を一緒に運ぶ場合、担ぐ人の数が同じなら同じ料金がかかります。また、四人で担いでもらい、上に二人が向かい合って乗る倹約型もあります。大名《だいみょう》などが乗る、お御輿《みこし》のような華やかな大高蓮台《おおたかれんだい》も通り、これは、三十人あまりの人足《にんそく》に担がれます。

増水して、川の深さが五尺《しゃく》（約百五十センチ）になると「川留《かわど》め」（通行止め）になります。五尺というと、当時の日本人のほぼ平均身長です。そこまで深くなると、人足が潜ってしまいます。

増水の時期は、へたをすると一、二カ月も手前の宿場で止められます。宿代がかさんで手痛い出費となりますが、宿へのツケは利《き》きません。持ち合わせが足りなくなれば、送金を待つか、宿でアルバイトするしかありません。旅人が難渋する第一のポイントです。

東海道は難所もありますが、太平洋沿いで景色がよく、海が近いので、旅籠《はたご》では新鮮な魚介類が食べられます。

中山道《なかせんどう》も、東海道と並んで江戸っ子に親しまれている街道です。東海道は平坦《へいたん》な道が多いかわりに、大井川の他にも、富士川《ふじがわ》・天竜川《てんりゅうがわ》など、川留めを食らうポイントがあります。一方、名前の通り、山道ばかりの中山道ですが、歩いてさえいれば先に進むことができます。江戸から京都までなら、歩き詰めに歩いて十五日間くらいです。お参《まい》り食べ物は山菜や乾物ですが、景色がよくて見所も多く、温泉などもあります。お参《まい》りも兼ねて、たっぷり二カ月くらいは楽しみます。善光寺《ぜんこうじ》参《まい》りや御岳参《おんたけまい》りでも、中山道は親しまれました。

五十三次《つぎ》の東海道に対して、中山道は六十九次――最後の草津《くさつ》と大津《おおつ》が東海道と重なるので、実際は六十七次です。距離の割に宿駅《しゅくえき》が多く、女性など足の弱い者でも踏破ができます。

皇室からお姫様が将軍家や御三家《ごさんけ》にお嫁入りする時には、必ず中山道を通りました。最も有名なのが幕末の皇女和宮《かずのみや》で、文久《ぶんきゅう》元（一八六一）年、十四代将軍・家茂《いえもち》に嫁ぐ時、二万五千人もの大行列で江戸に上りました。中山道を使っている大名の中で一番大きい加賀《かが》の前田《まえだ》家でも二千五百人くらいの家臣での行列なので、いかに大規模な行列だったかわかります。

東海道には、「薩埵峠《さったとうげ》」「今切渡《いまぎれのわたし》」など縁起の悪い地名があるので、中山道が選ばれたのです。ただ中山道には一カ所だけ、板橋《いたばし》に「縁切り榎《えんきりえのき》」があり、その皮を水か酒で亭主に飲ませれば、悪縁を切れると信じられています。ですからお嫁入りでそこを通る時には、菰《こも》で全部木を隠してしまいます。

最初の関所は碓氷峠《うすいとうげ》で、木曽福島《きそふくしま》との二カ所で「お改《あらた》め」がありました。碓氷峠の手前までなら、手形《てがた》がなくても気楽に旅行ができます。

街道には様々な宿があります。大きく分けると「本旅籠《ほんはたご》」と「平旅籠《ひらはたご》」で、東海道五十三次でいえば、平旅籠があるのは十宿で、他の四十三宿は本旅籠が大部分を占めています。馬のエサを入れる籠《かご》を宿の前に下げておいたのが、旅籠の語源です。

本旅籠には「飯盛《めしも》り女《おんな》」がいます。給仕もしますが求めに応じてお客さんの話し相手になったり、お酌もしたりと男性へのサービスをします。

そういったところは女性客は泊まりにくいので、「講」という旅館連盟のようなところで協議して、女性を置かない健全な宿をつくろうということになりました。それが、平旅籠です。講は、東講《あずまこう》、浪速講《なにわこう》、三都講《さんとこう》の三つが日本中にあり、「この宿は大丈夫ですよ」と保証します。宿には講の札が下がっているので、「ここは平旅籠だな」とわかります。平旅籠では泊まって食事をするだけで、酒や博打《ばくち》に興じたり、遊女《ゆうじょ》を

いかにも怪力そうな「留女」。広重の『東海道五十三次』「御油」を模す。（『一日江戸人』より）

買ったりすれば、宿泊を断られてしまいます。

また、「木賃宿《きちんやど》」というのもあります。ここでは食事が出ないので、食料を持ち込んで自分で煮炊《にた》きをします。魚や山菜を売りに来るので、それを買って調理するのです。お米は持参で、糒《ほしいい》というお米を干したものを持っていくこともあります。炊事の時に宿から買う薪《まき》代が宿代代わりなので、木賃宿といいます。

木賃宿にはお風呂《ふろ》もないので、銭湯に行くか、近くの川で水浴びします。布団《ふとん》を借りる場合は別料金で、それも節約したかったら、囲炉裏《いろり》の周りでごろ寝します。木賃宿は、行商でしょっちゅう行き来しているような、旅慣れた人が利用する宿です。屋根裏にはおばあさんがいて、杖《つえ》や何かで天井をコンコン叩《たた》くと、ご飯を炊きに降りて来てくれます。もちろんこれも、別料金です。どうしても自分で炊くのが面倒くさい時に、お願いします。

商売熱心な旅籠には、旅人を引き留める腕っ節の強い「留女《とめおんな》」がいます。旅籠にとって上客なのは、団体客で、宿の決まっていない団体客が通ると、留女は団体の中で一番ひ弱そうな人をターゲットに選びます。その人の荷物を奪って、旅籠に投げ込むのです。ひとりが腰の辺りにタックルし、他の二人が両腕を引っ張って宿に入れます。ひとりが引き込まれると、他の客も「まあ、しょうがないか」ということでゾロゾロと入って行きます。着物がちぎれたり、荷物が破損したりという被害も出て、「もう少しお手柔らかに」という協定もできました。

宿に入るとまずはじめにおばあさんが盥《たらい》で足をさっぱりとすすいでくれます。そして、一日履いてくたびれた足袋《たび》とわらじを捨てます。宿帳に住所と名前を書き、前金で宿賃を払い、その後お酒を飲んだり芸者を呼んだりした場合は、チェックアウトの時に追加で払います。宿代は、東海道の平均で二百文前後、今の感覚でいうと一時間マッサージ程度の料金です。整備されている街道なら、法外に取る宿はありません。

次に、お風呂を勧められます。お風呂は一回しか焚《た》きません。一番湯は清潔でいいのですが、ものすごく熱くて入りづらくて、ちょうどいい頃には、皆が入った後なので少し汚れてきます。ぬるい湯でゆったりしたいという頃には、底がドロドロになっています。次々とお客さんが来るので、あまりゆっくりできません。

それから食事ですが、ご飯は熱々なので、かっこめません。おかわりができないのです。汁も煮えたぎるようなものを持ってくるので、かっこめません。食べ終わるかな、という寸前に、布団を敷きに来てしまいます。「ご飯をあまり食べられないように」という、なかなかたくましい商魂です。

相部屋が普通で、武士も町人も一緒くたに一部屋です。混雑する時は六畳の部屋に十人も押し込められます。

　チェックアウトの時間は決まっていませんが、夜明けの二時間くらい前の「七《なな》つ立《だ》ち」が基本で、「お客さん、遅れますよ」と叩き起こされます。朝食も熱々で、あまりかき込めないまま飛び出していきます。

　知らない者同士が泊まるので、身の回りの用心はかなりしておかなくてはいけません。部屋に鍵《かぎ》はないので、懐《ふところ》のものは、帳場に預けるか自分で管理します。『東海道中膝栗毛』では、貴重品を手拭《てぬぐ》いにまいて頭に乗せて風呂に入る様子が書かれています。

　文化《ぶんか》七（一八一〇）年に出版された『旅行用心集《りよこうようじんしゆう》』というガイドブックには、いろいろな心得が記されています。「宿は多少宿賃が高くても、きれいなところに泊まりなさい」「宿に着いたら、非常の場合に備えて出口を確認しなさい」「お手洗いの場所を確認しなさい」「相部屋になっている人の顔を覚えなさい」「お金の在処《ありか》をきちんと確認しておきなさい」「貴重品は抱いて寝なさい」――などなどです。

　足にマメができた時の対処法も書かれています。裁縫道具の木綿《もめん》針に木綿糸を通し、そこに「矢立《やた》て」（筆記用具）の墨をたっぷり含ませ、マメの横から貫通させせます。そうすると中の水が抜けて、かわりに墨が入ることによって痛みが和らぐのです。その他、船酔いをしたらどうすればいいか、追《お》い剝《は》ぎにあったらどのくらいお金を渡せば許してもらえるかなど、様々なノウハウが書いてあります。

道中《どうちゅう》で会うのは、いい人ばかりではありません。「霊験《れいげん》あらたかな灰だから、お買い求めなさい。道中のご用心に、お守り代わりにお買いなさい」と、「護摩《ごま》の灰」だといって売りつけようとする者もいます。実際はどこの灰だかわからないし、効能があるかどうかも分かりません。そこから、得体の知れないことで金品をせしめる者を「護摩の灰」といいます。

疲れたからと駕籠《かご》を使うと、たちの悪い「雲助《くもすけ》」につかまって法外な料金を請求されることもあります。雲助というのは、駕籠舁《か》きや荷運びを行なう、住所不定の者のことです。

宿でも枕《まくら》の下に貴重品を隠しておくと、「枕さがし」といって、ぐっすり寝入った後に盗《と》られてしまうこともあります。

災難に遭わないようにと気をつけながら、人々は旅に出ます。火打ち石、つけ木、蠟燭《ろうそく》などの持ちものは必需品です。宿の中で暗闇《くらやみ》に出会った時にパニックにならない用心です。矢立て、紙などの筆記用具、旅行用の裁縫道具、着替えの下着、折りたたみ式の枕を持ち歩く人もいます。常備薬、耳かき、髭《ひげ》抜き、身だしなみのために簡単に髪を結える道具なども持ちます。

女性や老人も旅ができるのは、江戸ならではの風俗です。同時代の海外では、とても見受けられなかった平和の象徴、世界に誇れる日本の文化です。

花

幕末に日本にやってきた外国人たちは、庶民の長屋《ながや》にさえ、花が満ちているのに驚きます。「わが国では花を買うお金があったらパンを買う。江戸の貧しい人々は花を買う。なんと文化水準が高いんだろう」と。

三代・歌川豊国の「江戸《えど》名所百人美女《めいしょひゃくにんびじょ》　かやば町《ちょう》」には、茅場町薬師《かやばちょうやくし》様あたりの若女房の姿とともに、南天《なんてん》、松、万年青《おもと》など様々な植木が描き込まれています。女性が手に持っているのは、「室咲《むろざ》き」（室内栽培）の梅と福寿草《ふくじゅそう》を寄せ植えした鉢で、染め付けのきれいな植木鉢です。鉢から上と鉢は同じくらいの値段か、鉢の方が高価かもしれません。見事にコーディネイトされて、鉢も含めてひとつの売り物になっています。

薬師様の境内における植木市の様子が、『江戸名所図会《えどめいしょずえ》』に描かれています。様々な鉢が並ぶ中に、サボテンやアロエも見えます。そのような輸入された外来種もたくさん売られているのです。

毎日どこかの門前や境内で市が開かれてにぎわいました。植木好きは、毎日のように通って楽しむことができます。

園芸が流行したのは、三代将軍・家光《いえみつ》の傾倒がきっかけでした。初代・家康《いえやす》も二代・秀忠《ひでただ》もとても植物好きでしたが、さらに輪をかけたのが家光です。吹上御殿《ふきあげごてん》を花畑にしてしまい、たくさんの植木や鉢植えを並べて、毎日楽しみました。あまりにも珍しい高価なものばかりで、新たに七人の監視の侍をおき、日夜盗まれないよう管理に当たらせました。

家光が特に愛玩《あいがん》したのが、手のひらに載るくらいの小さな銘木の松です。樹齢何十年という古い松なのに小さくて、箱枕の引き出しにその松を入れて寝るほどのかわいがりようです。

あまりののめり込みように、見るに見かねたのが、大久保《おおくぼ》彦左衛門《ひこざえもん》だといわれています。武士道精神にあふれ、ことあるごとに家光が好んで話を聞いていた戦国以来の徳川家臣です。

その彦左衛門は「武士がこんなことではいけない」と、家光愛玩の一鉢をガチャンと割って戒めました。しかし、そのショック療法にも、家光の園芸好きは収まりませんでした。

さらに続いて五代将軍・綱吉《つなよし》が「生類憐《しょうるいあわ》れみの令《れい》」を発し、釣りや狩りが禁止されます。釣り竿《ざお》や弓矢をしまって、武士も庶民も盆栽や植木鉢を愛《め》でるようになってきたのです。

各藩でも園芸技術を競い、独自にお国自慢の花をさらに改良して将軍家に献上して喜ばれます。

これは「御留花《おとめばな》」として門外不出とされました。将軍家や天皇に献上するために改良されたものなので、市場に流れてしまっては困るからです。藩の外に持ち出すと、死刑になるくらいの重罪です。

ところが、駒込《こまごめ》の染井《そめい》というところの花屋さんに、「この御留花が欲しい」と耳打ちすると、必ず調達してくれます。外国物のジャスミンやハイビスカスも手に入り、「花屋忍者説」が出たくらいです。幕末から明治にかけては、ここで染井吉野《よしの》が作られます。

駒込や巣鴨《すがも》は、巨大なグリーンセンターとして栄えました。その規模は、当時世界最大で、大名屋敷《だいみょうやしき》の多い江戸に、花を供給しました。高級な花がたくさん売れ、十八世紀後期には一大産業になります。

温室栽培の技術もあり、莚《むしろ》をかけた室《へや》の中で季節とずれた花が作られています。もっと大がかりに地中を掘って、地下室でも栽培されています。七夕《たなばた》やお月見《つきみ》に合わせて、需要に応じて栽培するのです。

花屋はほとんど植木屋と兼業でしたが、江戸一の花屋といわれたのが伊藤伊兵衛《いとういへえ》です。代々「伊兵衛《いへえ》」を名乗っていますが、四代目の伊兵衛が八代将軍・吉宗《よしむね》にたいへんかわいがられます。飛鳥山《あすかやま》を始め、様々な場所を花の名所にしなさい、と申しつけられます。

伊兵衛は躑躅《つつじ》や皐月《さつき》の名人で、「きりしま屋」という屋号を名乗りました。今でも春になると、JRの駒込駅線路脇《わき》にツツジが咲き誇りますが、その流れを汲《く》むものです。

繁亭金太《しげるていきんた》という、品種改良の名人もいました。非常に素晴らしい花を作り出し、高値で取り引きされていましたが、値段がどんどんつり上がり、水野忠邦《みずのただくに》の天保《てんぽう》の改革にひっかかってしまいます。「こんな贅沢《ぜいたく》はまかりならぬ」ということで、財産没収の上で江戸追放になってしまいました。

二百冊を超える園芸指南書が発行され、どれもベストセラーになっていきます。図と解説入りで、育て方、鑑賞法が書かれています。仮名が振ってあるので、子どもからお年寄りまで、誰でも読むことができます。植木屋や種屋の小僧《こぞう》さんたちも熱心に勉強した結果、お店で小僧さんに難しいことを聞いても即答したというくらい、園芸知識は浸透しました。

江戸の後期には、各地で盛んに「生花会《いけばなかい》」も行われるようになります。十八世紀後半から庶民が大変豊かになり、それまで上流階級のものだった生花が庶民層にまで普及していきます。

各流派は弟子を獲得しようとして、デモンストレーションとして花会を盛んに開きました。

杉浦日向子の江戸こぼれ話　六

江戸の人々は「人間一生、物見遊山《ものみゆさん》」と思っています。生まれてきたのは、この世をあちこち寄り道しながら見物するためだと考えているのです。「せいぜいあちこち見て、見聞を広めて友だちを増やし、死んでいけばいい」と考えています。

ものに価値をおくのではなく、江戸の人々は、生きている時間を買います。芝居を観《み》に行く、相撲《すもう》を応援しに行く、旅に行く——と、後にものとして残らないことにお金を使うのが粋《いき》でした。江戸の町では火事が日常事だったので、「どれだけものに執着しても一晩の火事で灰になってしまう。そんなのはつまらない」ということになるのです。

旅にたっぷりお金をかける人もいる一方で、無銭でも旅に出られたのが江戸のおもしろいところです。大家さんに一筆書いてもらって、「通行手形《つうこうてがた》」を出してもらえば全国どこにでも行けます。思い立った時に、夜逃げのごとくすべての借金を踏み倒して出て行ってしまう人もいます。江戸はそういうことも受け入れられる社会です。無銭の旅では各宿場で働きます。皿洗いをしたり、布団《ふとん》を畳んだりして、少し稼ぐと次の宿場《しゅくば》に行きます。

手形に必ず書いてあるのが、「もし旅先で死んだらあり合わせのところに埋めてください。亡骸《なきがら》を送り戻す必要はありません」という主旨の一筆です。「生きるも死ぬも自分の判断、他人のせいにしない」ということを、皆きちんとわかっていました。

逆に「抜《ぬ》け参《まい》り」から戻ってきた娘のお腹《なか》が膨らんで来ることもあります。そんな時は、「神様から授かったのだから」と、町内で大切に育てます。

おわりに

「ああ、早く江戸になればいい」

　最近よく、そう思います。東京の片隅にひょこんと長屋《ながや》ができて、それが次々に増えていって東京を覆《おお》い尽くし、江戸になってしまえばいいのになあ、と思うのです。長屋には鍵《かぎ》がありません。それぞれの家の戸は、風通しをよくするために開けっ放しのことも多く、それぞれの生活がわかっているので自然に助け合うようになります。

　江戸では、人と人との垣根がありません。

　暇でしょうがなかった侍の中には、浮世絵《うきよえ》や戯作《げさく》などに没頭し、町人文化の発展に寄与した人もいます。趣味の集まりの「連《れん》」では、侍も町人も一緒になって打ち興じます。士農工商《しのうこうしょう》という身分制度があった江戸ですが、ひとりの人間に戻った時には、意外とその垣根は低かったようです。

　伊勢《いせ》へ向かう旅には、「抜《ぬ》け参《まい》り」というものがありました。親やご主人に内緒で、子どもや奉公人《ほうこうにん》が伊勢参りに行ってしまうのです。伊勢参りの行列が通りかかると、ひょいとその中に入ってしまう――進んでいくうちに、沿道の人々が旅支度を整えてくれます。道中では、目下の悩みや将来の夢を語り合ったことでしょう。抜け参りして戻ってきた奉公人は、「お伊勢参りではしかたがない」とご主人がまた雇ってくれます。日頃のストレスを旅で発散したので、また元気に働けたのではないでしょうか。旅を経験した子どもは、一回り大きくなって帰ってきたのではないでしょうか。こんなところにも、垣根の低さを感じます。

こういうことをいうと、江戸には「鎖国《さこく》」という、大きな垣根があったではないか、といわれるかもしれません。でも実際には、江戸の人々は様々な舶来品《はくらいひん》を楽しみ、若者たちは長崎《ながさき》で熱心に蘭学《らんがく》を学んでいます。日本からも、焼き物や醤油《しょうゆ》が輸出されています。江戸の庶民たちは、地球が丸いこともちゃんと知っていました。

男性と女性の垣根も、低かったようです。男が子守りをしたり家事をしたりすることは、長屋では少しも珍しいことではありません。大事にしてくれない夫の元から「三行半《みくだりはん》」をもぎ取って妻は出ていきます。離婚した女性が差別されることはなく、六度婚、七度婚も珍しいことではありません。

江戸の人々は、幽霊《ゆうれい》や化け物、妖怪《ようかい》、狐《きつね》、狸《たぬき》、河童《かっぱ》とさえ共生しています。それは、自然に対して畏怖《いふ》の気持ちを抱き、人間にとって計り知れない不思議なものを大事にする心から出ているのでしょう。月や虫など、自然にあるものを楽しむ知恵もありました。「お地蔵《じぞう》さん」というかたちで、神様も身近なものとして親しんでいます。

思うのは、江戸と現在との垣根が取れてしまえばいいということ。江戸の心意気を蘇《よみがえ》らせることができれば、生きることはもっと楽になり、人と人とのつながりはもっと豊かになるでしょう。そのお手伝いをこの本ができたなら、これ以上の幸せはありません。

深笛　義也（構成）

解説

石川英輔

普通のことがわからない

　昔のことを知るのはむずかしい。昔の生活の大部分を占めていた一般庶民の普通の生活の記録が少ないからだ。

　三代将軍徳川家光が寛永三年九月九日に京都二条城で後水尾《ごみずのお》天皇の行幸を仰いだときの献立は、公式記録が残っているのではっきりわかる。ところが、江戸の裏長屋で大工の一家が夕食のおかずに何を食べたかというたぐいのことは誰も記録しないし、するはずもない。行って見ることのできない世界だけに、大げさにいえば永遠の謎《なぞ》である。

　このように、大きな出来事では歴史的な史料が残っているが、人は普通のごくありふれたことを記録しないため、史料として残っていることの多くはかなり特殊な例なのだ。現代のテレビニュースでも、「今日、日本中の新幹線は一分の遅れもなく運行しました」というような当たり前のことは報道しない。ニュースになるのは、どこかの踏み切りで列車と軽自動車が衝突して脱線したというような珍しい事件だけなのだ。

こういうニュースが現代に暮らすわれわれの役に立つ理由は、ニュースとは普通でないことだけを報道するものだと承知の上で見ているからだ。

日向子《ひなこ》さんは考証家の系譜

ところが、現代人には二百年前の世の中のごく当たり前の暮らしぶりについての常識がないため、歴史学者が研究するような史料だけからは、かなり特殊な事柄しか見えてこない。いつの世でも圧倒的な大部分を占めているごく平凡な庶民生活は、ほとんど記録に残らないためくわしいことがわかりにくいのである。

史料ならぬ断片的な「資料」を拾い集めて、その中から庶民の生活が浮かび上がるように研究し、発表してきたのは、歴史学者ではなく時代考証を専門とする人々だった。私は時代考証の専門家ではないので、厳密にはどういう人々を考証家と呼ぶべきか正確には知らないが、明治以後に江戸時代の断片的な記録を集めて書き残そうとした元祖は、三田村鳶魚《みたむらえんぎょ》氏ではないかと思う。

さらに新しくは、岸井良衞《よしえ》氏、稲垣史生《しせい》氏、林美一《よしかず》氏のような時代考証の大家が大量の資料を集めて、江戸時代庶民の生活の断片を綴《つづ》り合わせることで実際の生活を浮かび上がらせ、映画やテレビドラマの時代考証を行ったばかりか、多くの著作を残された。私も、この方々の著作によって江戸時代についての基礎知識を得た一人なのだ。

時代考証には歴史学のように型にはまった方法論がなく、各人が好きなように行動し研究してきたため、研究者にはっきりした系統らしいものはないようだ。だが、本書『お江戸でござる』の監修者、杉浦日向子さんは、稲垣史生氏のお弟子さんであり、世間では江戸風俗研究家として通っていたので、江戸の研究家としてはやはり考証家の系譜に入る人といっていいだろう。

日向子さんは江戸のレポーター

『お江戸でござる』は、NHK総合テレビの人気番組『コメディーお江戸でござる』の中で杉浦さんが九年間にわたって「おもしろ江戸ばなし」として解説された江戸の庶民風俗の知識をまとめた一冊である。江戸時代の物品、職業、さまざまな暮らしぶりなどを項目別に解説するという点では考証本の形に近いが、これまでの考証本に比べるとかなり大きな違いがある。

最大の違いは、著者（監修者）の視点だといっていいだろう。かつての考証本の著者には学者風の方が多かったため、江戸時代のさまざまな事物を説明するに当たっても、現代人の立場から客観的に見て説明するのが普通だった。ところが、『お江戸でござる』の杉浦さんは江戸側から現代を見ている。自分は江戸の町にいてあたりを見回しながら、現代人に向かって話しかけているのだ。

まるで、テレビのレポーターが現地から視聴者に向かって報告しているような感じがするが、同じように感じられる読者も多いのではなかろうか。『コメディーお江戸でござる』の中での視聴者に対する解説が下敷きになっているせいもあるが、それが不自然でないのは、杉浦さんが本当にその気になって視聴者＝読者に対して語りかけているからだ。

そして、本書のもう一つの大きな特色は、漫画家・絵師としての彼女自身の作品を挿絵《さしえ》として使っている点である。

杉浦さんは、江戸時代をテーマにした多くの絵物語風の漫画作品を残されたため、亡《な》くなられた今となっても各項目にふさわしい絵を選んで使うことができた。これは、江戸時代の考証にくわしいばかりか、自分の頭にあるイメージを自分の手でこまごまと描《えが》き出す特技を身につけた杉浦さんならではの芸当で、彼女の目に江戸がどのように見えていたかが読者にもこれ以上ない形で具体的にわかって興味深い。

独特の語り口と挿絵のおかげで、実際に江戸へ行って見ることのできないわれわれも、読んでいるうちに自然に江戸へ引き込まれていくのだ。

江戸を覗《のぞ》いた日向子さん

『お江戸でござる』は、扱っている項目の幅広さもさることながら、解説がまるで見て来たようにこまやかだ。こういう「普通のこと」を他人に説明するためには、質量ともにかなり多角的な資料を調べ上げなければならない。だが、杉浦さんには、資料をこまごまと読み込んだだけの、ただの紙の上の知識以上のものがあって、それがテレビの視聴者を惹《ひ》きつけてきた。

考証家としては若手中の若手だった杉浦さんにこれだけのことができた大きな理由は、ただ多くの知識がある勉強家だったというだけではなく、幼い頃からの東京の下町での生活を通じて、江戸風の暮らしや事物を自分の経験にかさねて理解できる面が多かったからだと思う。

私はかつて、杉浦さんに火鉢《ひばち》用の灰について質問したことがあった。

昭和三十年代頃までは、東京でもまだ火鉢を普通に使っていたが、私のように東京の郊外にずっと住み続けていた者にとって灰を作るのは大した問題ではなかった。家へ送られてきた荷物を包んであった藁縄《わらなわ》や藁むしろなどを捨てずにとっておき、冬になってから必要な量を燃やしさえすれば、火鉢用の良質な藁灰ができたからだ。

だが、建物が密集している都心部では、大量の藁を燃やすことなどできそうにない。以前から、町中に住んでいる人がどうやって灰を調達したのか不思議に思っていたので、何かの機会に杉浦さんに尋《たず》ねたところ、十八歳まで京橋宝町《たからちょう》の棟割《むねわ》り長屋で暮らしたという杉浦さんは、「灰は荒物屋さんに売っていました」と即答してくれた。

子供の頃、お祖母様《ばあさま》が火鉢を買いに行かれるのについて行ったことがあるそうだが、荒物屋の主人は商品を並べてある台の下から大きな箱を引き出して、中に入っている灰を容器ですくって火鉢に入れてくれたそうだ。杉浦さんらしく説明が具体的だった。

それ以外にも、教えられたことは多い。

たとえば、江戸の裏長屋について話していたところ、杉浦さんはごくさりげない調子で、自分が住んでいた京橋の長屋も隣との仕切りは板壁一枚だけで、隣家の物音がはっきり聞こえたというのだ。煩《わずら》わしくないのかと尋ねたら、「すぐに聞こえなくなります」といわれて、なるほどとうなずいた。昔の人にはプライバシーがなかったなどというのは、裕福な家庭に育ったインテリさんが頭の中で育て上げた進歩的幻想にすぎないのかもしれないと思ったものだった。

杉浦さんは私より二十五歳も若いのに、下町にしみついていた古い生活感覚を通して江戸の庶民生活をいつも覗き見していたから、江戸庶民の生活を自分の皮膚感覚で生々しく語ることができたのである。

江戸になってしまえば……

本書の〈おわりに〉に「東京の片隅にひょこんと長屋ができて、それが次々に増えていって東京を覆《おお》い尽くし、江戸になってしまえばいいのになあ、と思うのです」と書いてある。彼女が十代を過ごした現実の長屋は、貧しく煩わしいどころか、この上なく安全で気楽で安上がりな世界だったようだ。

ヨーロッパ文明に心酔して自国の文化を見下す人も多いが、私は今の世界の混乱の原因は、断じて「遅れた」アジアやアフリカにはなかったと信じている。平穏に暮らしていた世界に強大な軍隊を派遣して植民地化し、現代の不幸の主な原因を作ったのはヨーロッパ側なのである。

平和と協調を最優先した江戸文化は、攻撃的なヨーロッパ文明の対極にあった。杉浦さんの頭の中には、その象徴として江戸の長屋があったのだろう。

（平成十八年五月、作家）

本書は二〇〇三年九月ワニブックスより刊行された『お江戸でござる—現代に活かしたい江戸の知恵』の図版を入れかえたものです。

宮部みゆき著
本所深川ふしぎ草紙
吉川英治文学新人賞受賞
深川七不思議を題材に、下町の人情の機微とささやかな日々の哀歓をミステリー仕立てで描く七編。宮部みゆきワールド時代小説篇。

宮部みゆき著
かまいたち
夜な夜な出没して江戸を恐怖に陥れる辻斬り〝かまいたち〟の正体に迫る町娘。サスペンス満点の表題作はじめ四編収録の時代短編集。

宮部みゆき著
幻色江戸ごよみ
江戸の市井を生きる人びとの哀歓と、巷の怪異を四季の移り変わりと共にたどる。〝時代小説作家〟宮部みゆきが新境地を開いた12編。

宮部みゆき著
初ものがたり
鰹、白魚、柿、桜……。江戸の四季を彩る「初もの」がらみの謎また謎。さあ事件だ、われらが茂七親分――。連作時代ミステリー。

宮部みゆき著
ほのぼのお徒歩《かち》日記
江戸を、日本を、国民作家が歩き、食べ、語り尽くす。著者初のエッセイ集『平成お徒歩日記』に書き下ろし一編を加えた新装完全版。

宮部みゆき著
堪　忍　箱
蓋を開けると災いが降りかかるという箱に、心ざわめかせ、呑み込まれていく人々――。人生の苦さ、切なさが沁みる時代小説八篇。

司馬遼太郎著 梟の城 直木賞受賞

信長、秀吉……権力者たちの陰で、凄絶な死闘を展開する二人の忍者の生きざまを通して、かげろうの如き彼らの実像を活写した長編。

司馬遼太郎著 人斬り以蔵

幕末の混乱の中で、劣等感から命ぜられるままに人を斬る男の激情と苦悩を描く表題作ほか変革期に生きた人間像に焦点をあてた7編。

司馬遼太郎著 燃えよ剣 (上・下)

組織作りの異才によって、新選組を最強の集団へ作りあげてゆく〝バラガキのトシ〟――剣に生き剣に死んだ新選組副長土方歳三の生涯。

司馬遼太郎著 覇王の家 (上・下)

徳川三百年の礎を、隷属忍従と徹底した模倣のうちに築きあげていった徳川家康。俗説の裏に隠された〝タヌキおやじ〟の実像を探る。

司馬遼太郎著 峠 (上・中・下)

幕末の激動期に、封建制の崩壊を見通しながら、武士道に生きるため、越後長岡藩をひきいて官軍と戦った河井継之助の壮烈な生涯。

隆慶一郎著 吉原御免状

裏柳生の忍者群が狙う「神君御免状」の謎とは。色里に跳梁する闇の軍団に、青年剣士松永誠一郎の剣が舞う、大型剣豪作家初の長編。

田辺聖子著

文車日記

古典の中から、著者が長年いつくしんできた作品の数々を、わかりやすく紹介し、そこに展開された人々のドラマを語るエッセイ集。

田辺聖子著

新源氏物語（上・中・下）

平安の宮廷で華麗に繰り広げられた光源氏の愛と葛藤の物語を、新鮮な感覚で「現代」のよみものとして、甦らせた大ロマン長編。

田辺聖子著

姥ざかり

娘ざかり、女ざかりの後には、輝く季節が待っている——姥よ、今こそ遠慮なく生きよう、76歳〈姥ざかり〉歌子サンの連作短編集。

有吉佐和子著

華岡青洲の妻

女流文学賞受賞

世界最初の麻酔による外科手術——人体実験に進んで身を捧げる嫁姑のすさまじい愛の葛藤……江戸時代の世界的外科医の生涯を描く。

嵐山光三郎著

文人悪食

漱石のビスケット、鷗外の握り飯から、太宰の鮭缶、三島のステーキに至るまで、食生活を知れば、文士たちの秘密が見えてくる——。

磯田道史著

殿様の通信簿

水戸の黄門様は酒色に溺れていた？　江戸時代の極秘文書「土芥寇讎記」に描かれた大名たちの生々しい姿を史学界の俊秀が読み解く。

沢木耕太郎著

人の砂漠

一体のミイラと英語まじりのノートを残して餓死した老女を探る「おばあさんが死んだ」等、社会の片隅に生きる人々をみつめたルポ。

沢木耕太郎著

一瞬の夏（上・下）

非運の天才ボクサーの再起に自らの人生を賭けた男たちのドラマを〝私ノンフィクション〟の手法で描く第一回新田次郎文学賞受賞作。

沢木耕太郎著

バーボン・ストリート

講談社エッセイ賞受賞

ニュージャーナリズムの旗手が、バーボングラスを傾けながら贈るスポーツ、贅沢、賭け事、映画などについての珠玉のエッセイ15編。

沢木耕太郎著

旅する力

―深夜特急ノート―

バックパッカーのバイブル『深夜特急』誕生前夜、若き著者を旅へ駆り立てたのは。16年を経て語られる意外な物語、〈旅〉論の集大成。

沢木耕太郎著

チェーン・スモーキング

古書店で、公衆電話で、深夜のタクシーで――同時代人の息遣いを伝えるエピソードの連鎖が、極上の短篇小説を思わせるエッセイ15篇。

沢木耕太郎著

彼らの流儀

男が砂漠に見たものは。大晦日の夜、女が迷ったのは……。彼と彼女たちの「生」全体を映し出す、一瞬の輝きを感知した33の物語。

藤沢周平著

時雨のあと

兄の立ち直りを心の支えに苦界に身を沈める妹みゆき。表題作の他、江戸の市井に咲く小哀話を、織麗に人情味豊かに描く傑作短編集。

藤沢周平著

橋ものがたり

様々な人間が日毎行き交う江戸の橋を舞台に演じられる、出会いと別れ。男女の喜怒哀楽の表情を瑞々しい筆致に描く傑作時代小説。

藤沢周平著

時雨みち

捨てた女を妓楼に訪ねる男の肩に、時雨が降りかかる……。表題作ほか、人生のやるせなさを端正な文体で綴った傑作時代小説集。

藤沢周平著

驟《はし》り雨

激しい雨の中、八幡さまの軒下に潜む盗っ人の前で繰り広げられる人間模様――。表題作ほか、江戸に生きる人々の哀歓を描く短編集。

藤沢周平著

本所しぐれ町物語

川や掘割からふと水が匂う江戸庶民の町……。表通りの商人や裏通りの職人など市井の人々の微妙な心の揺れを味わい深く描く連作長編。

藤沢周平著

たそがれ清兵衛

その風体性格ゆえに、ふだんは侮られがちな侍たちの、意外な活躍！　表題作はじめ全8編を収める、痛快で情味あふれる異色連作集。

山本周五郎著

赤ひげ診療譚

貧しい者への深き愛情から〝赤ひげ〟と慕われる、小石川養生所の新出去定。見習医師との魂のふれあいを描く医療小説の最高傑作。

山本周五郎著

柳橋物語・むかしも今も

幼い恋を信じた女を襲う悲運「柳橋物語」。愚直な男が掴んだ幸せ「むかしも今も」。男女それぞれの一途な愛の行方を描く傑作二編。

山本周五郎著

さぶ

職人仲間のさぶと栄二。濡れ衣を着せられ捨鉢になる栄二を、さぶは忍耐強く支える。友情を通じて人間のあるべき姿を描く時代長編。

山本周五郎著

おさん

純真な心を持ちながら男から男へわたらずにはいられないおさん——可愛いおんなであるがゆえの宿命の哀しさを描く表題作など10編。

山本周五郎著

樅ノ木は残った

毎日出版文化賞受賞（上・中・下）

仙台藩主・伊達綱宗の逼塞。藩士四名の暗殺と幕府の罠——。伊達騒動で暗躍した原田甲斐の人間味溢れる肖像を描き出した歴史長編。

山本周五郎著

町奉行日記

一度も奉行所に出仕せずに、奇抜な方法で難事件を解決してゆく町奉行の活躍を描く表題作ほか、「寒橋」など傑作短編10編を収録する。

新潮文庫の新刊

藤石波矢著

美しい探偵に必要な殺人

ずっと美しい探偵を側で支えていたかった。探偵と助手の雨の夜の長い電話が終わる時、すべてが反転する驚愕のラストが読者を襲う。

企画・デザイン 大貫卓也

マイブック
―2026年の記録―

これは日付と曜日が入っているだけの真っ白い本。著者は「あなた」。2026年の出来事を綴り、オリジナルの一冊を作りませんか？

永井紗耶子著

木挽町のあだ討ち
直木賞・山本周五郎賞受賞

「あれは立派な仇討だった」と語られる、あだ討ちの真実とは。人の情けと驚愕の結末が感動を呼ぶ。直木賞・山本周五郎賞受賞作。

平松洋子著

筋肉と脂肪 身体の声をきく

筋肉は効く。悩みに、不調に、人生に。アスリートや栄養士、サプリや体脂肪計の開発者に取材し身体と食の関係に迫るルポ＆エッセイ。

藤野千夜著

ネバーランド

同棲中の恋人がいるのに、ミサの家に居候を始めた隆文。出禁を言い渡されても隆文は態度を改めず……。普通の二人の歪な恋愛物語。

M・エンリケス
宮崎真紀訳

秘儀（上・下）

〈闇〉の力を求める〈教団〉に追われる、異能をもつ父子。対決の時は近づいていた――。ラテンアメリカ文壇を席巻した、一大絵巻！

お江《え》戸《ど》でござる

新潮文庫　す－9－10

平成十八年七月一日発行
令和七年十月二十五日十八刷

監修者　杉《すぎ》浦《うら》日《ひ》向《な》子《こ》

発行者　佐藤隆信

発行所　株式会社 新潮社

郵便番号　一六二―八七一一
東京都新宿区矢来町七一
電話 編集部(〇三)三二六六―五四四〇
読者係(〇三)三二六六―五一一一
https://www.shinchosha.co.jp

価格はカバーに表示してあります。

乱丁・落丁本は、ご面倒ですが小社読者係宛ご送付ください。送料小社負担にてお取替えいたします。

印刷・東洋印刷株式会社　製本・加藤製本株式会社

ISBN978-4-10-114920-2 C0195